미친 나비 날아가다

狂蝶忽飛

미친 나비 날아가다

초판 1쇄 인쇄 | 2010년 8월 17일
초판 1쇄 발행 | 2010년 8월 23일

지은이 | 이은식
펴낸이 | 최수자

주간 | 고수형
디자인 | 디자인곤지
인쇄 | 청림문화사
제본 | 문종문화사

펴낸 곳 | 도서출판 타오름
주소 | 서울시 은평구 녹번동 38-12 2층 (122-827)
전화 | 02) 383-4929
팩스 | 02) 3157-4929
전자우편 | taoreum@naver.com
          http://blog.naver.com/taoreum

ISBN 978-89-94125-06-0 03900

미친狂나비蝶
날아가다忽飛

정의를 꿈꾼 혁명가 홍경래와
방랑 시인 김삿갓 탄생기

— 이은식 지음 —

타오름

차례

김병연, 삶을 작품으로 말하다

　득지본유得之本有요 실지본무失之本無라는 말이 있다. 무엇인가 얻게 됐다면 본래 있었던 것이었고, 잃게 된다면 본래 없던 것이라는 말이다. 우리 모두는 숙명과 운명을 함께 안고 이 세상에 온다고 한다.

　숙명이란 바로 천륜이라는 것이다. 어느 나라 어느 지방 어떤 부모에게서 태어났다는 것은 변하지 않는 관계를 가리킴이요, 운명이란 본인의 마음가짐과 실행 여부에 따라 항상 바꿀 수도 있고 바뀌어질 수도 있다는 말이다.

　다음에 밝히고저 하는 두 인물은 숙명도 운명도 결코 바꾸지 못하고 사라져 버린 이슬처럼, 세상 고뇌를 모두 껴안고 고통스럽게 살다간 사람들이다. 그 두 사람이 살다간 흔적을 한 세기 반이 지난 오늘날 찾아 나서 보니 마치 한 점의 구름이 잠시 머물다 떠난 자리에 온 듯하다.

　민족의 스승 서산 대사는 인생의 허무함을 떠도는 구름에 비유해 읊었는데 고승高僧만이 느낄 수 있는 예리함이 섬뜩하기까지 하다.

삶은 어디에서 오며
죽음은 어디로 가나.
생은 한 조각 구름이 일어남이요
죽음은 한 조각 구름이 사라짐이요
뜬구름은 본래 실체가 없는 것이니
나고 죽고 가고 오는 것 역시 이와 같다.

"인생은 나그네 길이다"라는 말은 영원한 생명이란 없고 결국은 모두 본래의 무無로 돌아간다는 뜻이 아닐까. 어차피 덧없는 인생살이인데 생生에 집착하고 속세에 절어 사느니 행운유수객行雲流水客이 되어 주유천하하는 것이 보다 인간다운 삶이라 할지도 모르겠다.

그처럼 김삿갓도 풍류를 즐기며 방랑길에 올랐던 인물이다. 흔히들 김삿갓 하면 실존 인물이 아닌 신화적인 인물이나 소설 속 인물로 보는 젊은이들이 많다. 그러나 죽장에 삿갓 쓰고 방랑하던 김삿갓은 실존 인물로 비록 한 푼도 없이 떠도는 신세였으나 귀족의 가정에 태어나서 무리 없이 성장한 양반의 혈통이었다. 그렇지만 본인에게 주어진 운명을 결코 바꾸지 못하고 쓰린 가슴앓이를 하면서 일생 동안 방랑할 수밖에 없었던 기막힌 사연을 헤아려 보았다.

반대로 남양 홍씨인 홍경래는 몰락 양반으로서 선친이 평안도로 이주하여 터전을 잡게 되었다. 서북인은 등용하지 말라는 당대의 정책으로 벼슬이 좌절되자 그는 서북으로 돌아와 조용히 삶을 마치는 길을 선택하는 대신 세상을 바꿀 것을 결심하고 10년의 준비를 한다. 결국 홍경래의 난도 실패로 돌아가 이긴 자도 진 자도 가리기 힘든 한 시대의 상처만이 역사의 한 장에 남겨졌다.

필자가 홍경래의 난이 벌어졌던 역사의 시기를 책으로 엮게 된 것은 김삿갓, 홍경래, 힘이 없던 임금 순조 그리고 당대 실권을 움켜쥐었던 안동 김씨 세족에 이르기까지 그냥 떠도는 전설적인 이야기나 화석화 되어 버린 이야기가 아닌 실기를 구체적으로 알리고자 함이다.

그리하여 선인들의 잘못을 지적하기도 하고 또한 나름대로 느끼도록 하여 삶에 있어 결코 무모한 욕망을 일으키지는 않았으면 하는 마음 그리고 분노를 어떻게 표출해야 할 것인지, 어리석음으로 사안을 제대로 보지 못하기 쉬운 우리들이 삶을 살아가는데 있어 조금이나마 지혜를 얻었으면 하는 바람에 그 목적이 있다.

종소리를 더 멀리 보내기 위해 종은 더 아파야 한다는 것을 잊지 말아야 할 것이다.

2010년 5월

신선이 노닐던 동네 삼선동에서

김병연金炳淵은 자신의 이름보다도 김삿갓으로 널리 알려졌다. 방랑 시인의 상징으로서 유행가 가사에 나오기도 한 그의 삶을 역사 속에서 보지 않는다면 김병연은 흔히 속세에 욕심이 없는 도인이자 낭만적인 삶을 산 방랑 시인 쯤으로 느껴질지도 모른다. 또는 김삿갓 하면 실존 인물이 아닌 신화적인 인물이거나 소설 속 인물로 보는 젊은이들도 많다.

머나먼 방랑길에서 죽장에 삿갓을 쓰고 평생을 떠돈 인물이라고 하니 그럴 법도 하다. 그러나 김삿갓은 실존 인물로 사대부 집안에서 태어나 무리 없이 성장하고 부귀영화를 누리며 살 뻔한 인물이다.

세상에 쉬운 삶은 없듯 김병연이 자신의 현실 기반을 버리고 삿갓을 쓴 채 떠돌기 시작한 연유는 분명하다. 양반의 혈통이면서 자신에게 주어진 운명을 바꾸지 못하고 쓰린 가슴앓이를 하면서 일생 동안 방랑하게 된 데는 기막힌 사연이 존재한다. 삿갓이 김병연의 상징으로 자리하게 된 것 또한 다른 이유가 아니라 스스로 하늘을 볼 수 없는 죄인이라 생각했기 때문이다.

20세 되던 1825년(순조 25) 장수 황씨와 결혼을 한 김병연은 그 해 강원도 영월군의 동헌인 관풍헌에서 열린 백일장에 응시하게 되었다. 시제詩題는

영월군 동헌 관풍헌에서 열린 백일장 모습

〈論鄭嘉山忠節死 논정가산충절사

嘆金益淳罪通于天 탄김익순죄통우천

가산 군수 정시의 충의로운 죽음과

김익순의 죄가 하늘에 닿음을 논하라.〉

였다. 이때 김병연은 정시鄭蓍를 충신으로, 김익순金益淳을 반역
자로 호되게 비판하고 조롱하는 글을 써서 장원으로 뽑히게 된
다. 그러나 이 글은 김병연이 동가식서가숙 하면서 항상 큰 삿갓
을 쓴 채 방랑하는 나그네의 길로 들어서는 시작이 된다.

관풍헌의 현재 모습

論鄭嘉山忠節死 嘆金益淳罪通于天

日爾世臣金益淳 왈이세신김익순

鄭公不過卿大夫 정공불과경대부

將軍桃李籠西落 장군도이농서락

烈士功名圖末高 열사공명도말고

詩人到此亦慷慨 시인도차역강개

撫劍悲歌秋水唆 무검비가추수사

宣川自古大將邑 선천자고대장읍

比諸嘉山先守義 비제가산선수의

清朝共作一王臣 청조공작일왕신

死地寧爲二心子 사지영위이심자

升平日月歲辛未 승평일월세신미

風雨西關何變有 풍우서관하변유

尊周孰非魯仲連 존주숙비노중련

輔漢人多諸葛亮 보한인다제갈량

同朝舊臣鄭忠臣 동조구신정충신

抵掌風塵立節士 저장풍진입절사

嘉陵老吏揚名楨 가릉노리양명정

生色秋天白日下 생색추천백일하

魂歸南墓伴岳飛 혼귀남묘반악비

骨埋西山傍伯夷 골매서산방백이

西來消息慨然多 서래소식개연다

問是誰家食祿臣 문시수가식록신

家聲壯洞甲族金 가성장동갑족김

名字長安行列淳 명자장안행열순

家門如許聖恩重 가문여허성은중

百萬兵前義不下 백만병전의부하

清川江水洗兵波 청천강수세병파

鐵甕山樹掛弓枝 철옹산수괘궁지

吾王庭下進退膝 오왕정하진퇴슬

背向西城凶賊跪 배향서성흉적궤

魂飛莫向九泉去 혼비막향구천거

地下猶存先大王 지하유존선대왕

忘君是日又忘親 망군시일우망친

一死猶輕萬死宜 일사유경만사의

春秋筆法爾知否 춘추필법이지부

此事流傳東國史 차사유전동국사

말하노니 너 세신 김익순은 듣거라.

정공(정시)은 대부에 불과해도 충사하지 않았는가.

너는 농서에서 적에게 항복한 한나라의 이능과 같으나

정공은 그 공명이 열사로서 길이 빛나게 되리라.

시인 또한 이 일에 분개하노니

칼을 어루만지며 추수사에서 한탄하노라.

선천은 예로부터 대장이 지켜온 큰 고을이고

가산 땅에 비하면 충의를 먼저 지킬 땅이로다.

둘은 다 청명한 한 조정의 신하로서

사지에 이르러 어찌 두 마음을 품었단 말인가.

태평세월이던 신미년에

비바람 관서에 몰아치니 이 무슨 변고인가.

주나라에는 노중련 같은 충신이 많았고

한나라를 돕기 위해 제갈량 같은 사람 많았도다.

우리나라 조정에도 충신 정시가 있어

맨손으로 병란 막아 충절로서 죽었도다.

쓰러진 늙은 충신 정시의 높은 명성

가을 하늘에 밝은 태양같이 빛나리라.

그의 혼은 남묘로 돌아가 악비[1]와 함께 살고

뼈는 서산에 묻혀 백이와 함께하리라.

그러나 서쪽에서 매우 슬픈 소식 들려온다.

묻나니 너는 누구의 녹을 먹던 신하인가.

가문은 명성 높은 장동 김씨요.

이름은 장안에서도 떨치는 순자 항렬이로다.

가문이 이와 같고 나라의 성은 또한 두터우니

백만 대병 앞에서도 대의를 잊지 못할 것이로다.

그런데 청천 강물에 씻은 무기와

---

1) 악비岳飛: 중국 남송 초기의 무장이자 학자, 서예가. 북송이 멸망할 무렵 의용군에 참전하여 전공을 쌓았으나 금나라와의 화평론을 펴다 재상 진회秦檜의 참소로 옥사하였다.

철옹산 수목으로 만든 활은 어디에 두고

우리 임금 뜰 앞에 꿇던 그 무릎으로

등을 돌려 서쪽 흉악한 도적에게 무릎을 꿇으니

죽은 너의 혼 황천에도 못갈 것이고

선왕이 아직 있는 지하에도 못 가리라.

너는 임금을 버린 날 조상 또한 버렸으니

한 번의 죽음은 오히려 가볍고 만 번 죽어 마땅하리라.

너는 공자의 춘추필법을 아느냐 모르느냐.

이 일 동국 사기에 남겨 천추만대에 전하리라.

위 글로서 장원급제를 하게 된 김병연은 어머니로부터

"네가 그렇게 비난한 그분이 바로 너의 조부祖父이다."

장원급제를 하게 된 김병연

김병연이 장원한 내용을 듣고 비통해하는 어머니

란 말을 듣게 되었다. 김병연의 인생이 완전히 뒤바뀌는 순간이었다.

　그 사실에 하늘이 무너지는 감정을 주체하지 못한 김병연은 영월 땅 삼옥리에서는 더 이상 살 수 없다고 판단하고 충청도 의풍儀豊으로 가는 길목인 지금의 영월군 하동면 와석리臥石里 어둔이골의 무인촌에 정착하게 되었다.

　잘못되고 부끄러운 행동을 한 인물을 비판하였는데 그가 자신과 분리해서 생각할 수 없이 가까운 사람이었던 것이다. 결국 김병연은 할아버지를 지탄한 죄책감과 폐족자에 대한 멸시 등 현실의 부조리, 운명에 대한 회의 속에서 처자식을 둔 채 부평초처

럼 떠도는 인생살이를 선택하고 만다. 그의 고뇌와 어찌할 수 없
는 선택을 십분 이해하면서도 그로 인해 김병연의 가족들이 평
생을 두고 겪었을 외로움과 힘들었을 일상을 생각하면 안타깝기
만 하다.

　정착하지 않는 방랑 생활을 끝까지 고집하였지만 김병연에게
고향은 항상 가고 싶은 마음의 안식처였다. 사십 평생을 떠돌던
그도 결국 가족의 품이 그리웠는지 허허로움이 가득한 「자탄自
歎」이란 시를 남겼다.

自歎 자탄

嗟呼天地間男兒 차호천지간남아
知我平生者有誰 지아평생자유수
萍水三千里浪跡 평수삼천리양적
琴書四十年虛詞 금서사십년허사
靑雲難力致非願 청운난력치비원
白髮惟公道不悲 백발유공도불비
驚罷還鄕夢起坐 경파환향몽기좌
三更越鳥聲南枝 삼경월조성남지

스스로를 한탄함

슬프고 슬프다 천지간의 남자여
내 평생 아는 사람 그 누구인가.
부평초처럼 삼천리를 유랑했으나
거문고 타고 글 읽는 사십 년이 허사로다.
청운의 꿈은 힘으로 되지 않으니 원치 않고
늙음은 누구에게나 오는 것이니 슬퍼하지 않으리.
집으로 돌아가는 꿈꾸다 일어나 앉으니
깊은 밤 월나라 새 남쪽 가지에 깃드는 소리 들리네.

청운의 큰 꿈은 억지로 되는 것이 아니니 버린 지 오래고, 백발
또한 천지의 공평한 도리이니 슬퍼하지도 않으나, 다만 그리운
것은 멀리 떨어져 있는 고향뿐이다.

난세를
타계하려 된
홍경래의
야망

홍경래의 난으로 갈리는 운명

김병연이 자신의 조부 김익순에 대해 전연 알지 못하고 자란 데는 이유가 있다.

김병연은 시조 태사공 김선평金宣平의 후예로 1807년(순조 7) 3월 13일 지금의 경기도 양주시 회암동檜岩洞에서 아버지 김안근金安根과 어머니 함평咸平 이李씨 사이에서 3형제 중 차남으로 태어났다. 그의 관향은 신新 안동安東으로 당시는 신 안동 김씨들이 조정을 손에 쥐고 좌지우지할 때였기에 김병연도 어린 시절을 유복하게 지냈다.

김병연 태생지 안내석, 경기도 양주시 회암동

신 안동 김씨 태사 김선평 단소 입구

고려 태사를 지낸 안동 장씨 장정필의 묘비   안동 권씨 태사 권행 묘소 안내석

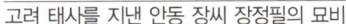

안동 김씨는 고려 때 왕건의 편에서 함께 연합하며 후백제의 왕 견훤을 경상도 안동에서 맞아 몰아내었고 왕건의 승리가 확실해지면서 결국 통일 한반도에 고려라는 나라가 주인이 되었다. 왕건에게 힘을 실어준 이들은 안동 장씨 장정필張貞弼, 안동 권씨 권행權幸(본래는 김행이었음), 김선평으로 왕건은 그들의 공을 인정하여 벼슬을 내렸다. 나이순으로 장정필, 권행, 긴선평을 의義 삼형제를 맺게 하고 태사라는 높은 직급을 내렸다.

김선평의 후손들은 관향을 안동이라 하되 고려 16공신으로 삼별초의 난 때 큰 공이 있는 김방경金方慶의 후손들이 관향을 안동이라 칭해 오니 그 관계를 구별하기 위해서 김방경의 후손을 구 안동 김씨라 하고 김선평의 후손들을 신 안동 김씨라 칭하였다. 신 안동 김씨는 조선조 후기에 세력을 잡게 되면서 장동壯洞 김씨라고도 한다.

고려 16공신 김방경 위패,
경기도 연천군 숭의전 내

그러나 1811년(순조 11) 주위의 부러움을 받으며 자라던 김병연에게 불행이 시작된다. 부패한 조정으로 백성이 도탄에 빠지자 〈서북 사람은 중용하지 말라〉는 용정책에 불만을 품은 평안도 청년 홍경래洪景來가 평안도 용강에서 반란을 일으킨 것이다. 서기 2010년은 홍경래의 난이 일어난 지 199년이 되는 해이다.

평서 대원수를 자칭한 홍경래는 부대를 이끌며 가산嘉山과 박천博川을 함락시키고 정주를 거쳐 선천宣川으로 밀고 들어왔다. 그때 가산 군수로 있던 정시는 허약했음에도 홍경래 군과 대항하다가 희생되었으나 선천 부사 겸 방어사 김익순은 홍경래에게 저항 한번 하지 않고 항복하였던 것이다.

당시 평안 감사 이만수李晩秀의 장계에 의하면

〈그날 난리가 일어난다고 민심이 흉흉하고 군내가 떠들썩하며 백성들이 피난가려 하자, 그(정시)는 홀로 말을 타고 군내를 돌아다니면서 백성들을 효유하여 피란 가는 것을 중지시켰다. 그러나 봉기군 50여 명이 관아에 돌입하여 살고 싶으면 인부印符와 보화를 내놓고 항복 문서를 쓰라고 하자 그는 "내 명이 다하기 전에는 항복할 수 없다. 속히 나를 죽여라" 하고, 그들의 대역무도함을 꾸짖다가 칼에 맞아 죽었다. 그의 아버지 역시 그대로 적의 칼을 받았다.〉

고 하였다. 반면 김병연의 조부 김익순은 수하 군졸을 데리고 검

폐족이 되어 친구들로부터 따돌림을 받는 김병연

연좌제에서 풀려나 깊은 산골 영월 노루목으로 들어간 김병연 가족

산산성劍山山城에 숨어 있다가 김사용金士用이 격서를 보내 위협하자 항서를 쓰고 새끼로 목이 매인 채 항복하여 옥에 갇혔다. 그 뒤 김사용이 김익순의 족쇄를 풀게 하고 전錢 30냥, 백미 30석, 민어 10마리, 조기 10속束을 보내며

"이젠 한양에 가도 생명을 보존하기 어려우니 같이 일하자."
고 하자 봉기군에 합류하였다.

이것이 화근이 되어 김익순은 처형되고 아버지 김안근은 배소에서 화병으로 죽고 말았다. 투항한 김익순의 후손들은 역적이 되어 3대가 멸족 형을 당하게 되었기에, 이때 김병하金炳河와 김병연은 노복 김성수金聖洙의 도움으로 황해도 곡산谷山으로 피신을 하여 그곳에서 어린 시절을 보냈다.

화전을 일구며 생활을 하는 김병연

　다행히 당사자인 김익순만 참수형을 받고 나머지는 멸족에서 폐족으로 사면 처리가 됨으로 인하여 형제는 다시 고향 양주로 내려올 수 있었다. 반역으로 인한 죄는 연좌 죄로 가문의 3대를 멸족시키는 것이 통례였으나, 이들이 처벌받지 않았던 것은 당시 실권 세력 씨족인 신 안동 김씨였기 때문으로 여겨진다. 당시 신 안동 김씨들의 세력이 얼마나 컸는지를 짐작할 수 있는 대목이다.

　그러나 김삿갓의 집안은 폐족이 되었고 떳떳하게 사대부로 지낼 수 없었다. 그렇기에 세상의 멸시와 비난의 시선을 피해 김병연의 어머니는 경기도 이천과 가평, 강원도 평창 등지를 전전하다 강원도 영월 삼옥리의 깊은 산골짜기로 들어갔다. 김안근의 남은 가족은 그곳에서 화전을 일구며 은둔 생활을 하게 된다. 또한 어머니 이씨는 자식들에게도 집안이 폐족이 된 사연을 일절 숨기고 살았던 것이다.

한편 머리가 영리하고 시재詩材에 뛰어났던 김병연은 고금의 사서와 시서를 닥치는 대로 섭렵하여 모르는 글이 없었다. 기울어진 집안을 다시 일으키는 길은 과거에 급제하는 방법밖에 없었기 때문이다. 당시 영월은 도호부였기 때문에 동헌에서 백일장을 보게 되었고 20세의 김병연이 영월 백일장에 나가 받았던 시제는 운명의 장난처럼 〈정시의 충정을 논하고, 김익순의 죄가 하늘에 이를 정도임을 통탄하라〉는 것이었다.

가슴에 쌓여 있던 울분을 통쾌하게 풀어낸 김병연은 가장 먼저 답안지를 제출한 뒤 유유자적 시험장을 떠났다.

그러나 김익순은 자신의 조부였다. 아무리 역적이고, 자신의 자존심조차 지켜내지 못한 부끄러운 사람이라고 해도 손자가 자신의 할아버지를 천추의 죄인으로 몰아붙인 것이다.

자신을 원망하며 좌절감에 사로잡힌 김병연에게는 이미 부인 황씨와 장남 학균이 있었다. 그럼에도 김삿갓은 자신의 죄를 용서받는 길은 오직 영욕을 떠나 평생을 구름처럼 떠도는 것뿐이라고 생각하였다.

서민 지주의 등장과 소농민의 몰락

조선 후기 봉건사회는 17, 18세기에 이르러 커다란 변화를 겪게 되었다. 토지 겸병이 광범하게 진전되어 지주 전호제佃戸制가 양적으로 팽창되어 갔는데, 특히 이앙법移秧法과 이모작으로 대표되는 농업 생산 기술의 변화, 상품 화폐 경제의 발달로 농민층의 분해가 촉진되었다. 이 결과 지난날의 봉건 지주와는 다른 서민 지주라는 새로운 형태가 등장하였고, 한편으로는 개선된 농업 생산 기술과 시장의 확대라는 유리한 여건 속에서 차경지借耕地의 확대를 통해 상업적 농업을 하는 경영형 부농이 성장하기 시작하였다.

부농과 지주의 경영 확대가 이어지자 다수의 소농민은 몰락하여 영세 빈농, 전호佃戸가 되거나 빌릴 토지조차 없어 농사를 지을 수 없는 무토불농無土不農의 처지가 된 경우도 많았다. 토지에서 유리된 농민들은 유민이 되거나 임노동으로 생계를 유지할 수밖에 없었고 이 시기의 농민층 분해는 다수의 소농민이 농사를 업으로만 삼았던 것에서 벗어나 임노동자가 되도록 만들었다.

부농과 서민 지주, 소농민으로 양극화가 커지면서 한편으로 상공업이 발달하기 시작했다. 상품 경제가 발달하면서 부분적으로는 수공업자들이 전문화되기 시작하였고 봉건시대에 특혜를 누리던 상인들에게 도전하는 상인들의 활동이 활발해졌다. 특히 개성開城이나 의주義州의 상인들은 대외 무역을 통하여 부를 축적하는 등 상권 쟁탈전이 벌어지기도 하였다.

농업 사회를 벗어나면서 신분 질서의 구조에도 새로운 변화가 일어나기 시작하면서 이전과 달리 부富를 통한 신분 상승이 가능해졌고 기존 양반의 권력이 축소되었다. 경제력을 통해 양반층은 확대되었으며 평민과 천민들은 감소하였고, 경제력을 유지하거나 확대하는 시대에 밀려 다수의 양반들은 몰락하였다.

이에 따라 절대적이었던 양반 신분의 권위는 흔들릴 수밖에 없었다. 정치적으로 치열하던 17, 18세기의 당쟁이 끝나고 노론老論에 의한 안동 김씨 일가의 전제가 성립되면서 전정田政, 군정軍政, 환정還政의 삼정 문란三政紊亂은 농민층 분해를 더욱 촉진시켰고, 특권 상인과 지방 상인 간의 대립도 심화되었다. 특히, 평안도 지방은 정부의 규제에도 불구하고 청淸나라를 상대로 한 무역이 더욱 활발해져서 송도松都의 상인(송상松商)과 의주의 상인(만상灣商) 가운데는 대상인으로 성장한 사람들이 많았다. 또 18세기를 전후한 시기부터 견직물업과 유기鍮器 등 수공업 생산, 담배 등 상품 작물의 재배, 금은의 수요 급증으로 인한 광산 개발이 활발하였다.

상권이 활발해지자 그에 따라 양반 지주나 상인층에 의한 고리대업이 성행하였고 소농민의 몰락도 심화되었다. 그러나 일부 농민층은 부를 축적하여 향촌의 향무층鄕武層으로 진출하였으며, 빈농과 유민들은 광물을 불법적으로 채취하는 잠채 광업潛採鑛業에 몰려들기도 하였다. 이러한 사회 · 경제적인 변화는 19세기가 되면서 더욱 심화되어 봉건사회의 해체를 촉진시켰다. 당시의 정세가 어떠했기에 전국적인 봉기가 일어났고 초탄이나마 관군이 쉽게 무너질 수 있었는지 살펴보도록 하자.

불안 속 세도정치는 멈출 줄 몰랐다

1808년(순조 8) 평안도의 인심이 흉흉하다는 소식이 돌자 순조는 1802년(순조 2) 정시문과에 장원급제한 옥당 학사 서능보徐能輔를 암행어사로 파견하여 민심을 둘러보도록 하였다.

어사 서능보는 평안도 일대를 샅샅이 살피고 역시 장원 출신 평안 감사 조득영趙得永이 있는 평양 감영의 선화당宣化堂에 이르렀다. 그런데 남루한 행색을 한 자가 뻣뻣이 찾아 들자 감영의 아전들은 마구 쫓아내며 푸대접을 하였다. 항의를 하는 서능보에게 아전들은 험한 말에 손짓까지 하며 쫓아버렸다.

그렇잖아도 평안도 일대의 그릇된 사실을 적발하여 감사를 문책하려던 서능보는 선화당에서 아전들에게 봉변까지 당하고 쫓겨났으니 잔뜩 감정이 좋지 않게 되었다. 곧 내아內衙로 들어간 서능보는 조득영의 모친 김씨를 찾았다. 눈치가 심상치 않기에 정부인 김씨가 좌우를 물리치자 허술한 과객으로만 보이던 서능보는 곧 품속에서 마패馬牌를 꺼내 보였다.

　마패란 그것을 꺼내 들고 냅다 출도를 외치는 날에는 속담에 임금조차 용상에서 내려앉는다고 할 만큼 지방 수령과 방백에게는 그만큼 무서운 것이었다.

　암행어사 서능보는 정부인에게 자제인 조득영이 자산慈山 부사 이우진李羽晉에게서 뇌물을 받은 사실을 추궁하였다. 김씨는 자신은 방안에만 있는 늙은이로 아무것도 알지 못한다고 부정하였으나 서능보가

　"정부인 환갑잔치를 이곳에서 치를 때 무수한 뇌물이 들어왔다고 알고 있습니다."

하며 반 협박조로 묻기 시작하자 두려움에 들어온 뇌물들이 얼마만큼인지 이야기해버리고 말았다.

　잠시 후, 암행어사 서능보는 다시 감영 선화당으로 향했다. 서리胥吏들이 험한 소리를 하며 또 덤비려 하자 서능보는 마패를 번

1.상서원 마패

2.산유자 마패
(이상 『보인부인총수』에서)

3.목마패,
국립민속박물관 소장

4.일마패

5.삼마패

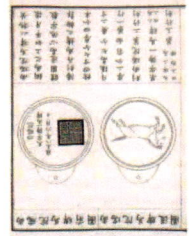
6.오마패(이상 창덕궁 소장)

쩍 꺼내 들고 어사 출도를 외쳤다.

덤비려던 서리들은 그대로 외마디 소리를 지르며 자리에 우뚝 선 채 얼어붙었고 어사 서능보는 이에 아랑곳하지 않고 곧장 선화당에 올라가 역졸들에게 곳간을 봉하라 명하고 곧 한양으로 장계를 올렸다.

조득영은 이미 정2품의 형조·이조·예조·병조의 판서를 역임한 쟁쟁한 대신이었음에도 그는 이제 겨우 5, 6품쯤인 암행어사 서능보에게 직권이 정지당하여 꼼짝을 못하였다. 어사는 바로 임금을 대리하는 것이니 거기에 반항하면 이는 곧 임금에 반항하는 것이 되는 것이다.

〈평안도 관찰사 조득영은 자산 부사 이우진, 안주安州 목사 이해청李海淸, 중화中和 부사 김훈金勳, 순천順川 군수 이옥현李玉鉉 등에게서 수많은 뇌물을 받았고, 자모산성慈母山城의 중수를 구실 삼아 백성을 혹독하게 학대하는가 하면, 관하에 족징族徵[2]의 피해가 극심하여 백성이 모두 원망치 않는 자가 없습니다. 그런데도 조득영은 백성을 다스리는 데에는 힘을 쓰지 않고 관기官妓를 거느리고 대동강상에서 선유船遊에 정신을 파는가 하면, 모친의 환갑잔치를 연다고 크게 민폐를 끼친 바가 있나이다.〉

장계를 받은 순조는 노하였고 즉시 금부도사를 보내 조득영을 잡아 올리게 하였다.

조득영은 하루아침에 파직되어 수거囚車에 실려 한양으로 압송되어 가는 신세가 되었다. 같은 해 정월에도 함경도의 북청과

---

2) 족징族徵: 세금을 내지 않고 도망한 친척의 조세租稅를 대신 납부시키는 것.

관기와 뱃놀이를 즐기는 양반들

단천에서 민중의 폭동이 있었으므로 순조는 지방 수령의 탐학에 신경을 날카롭게 곤두세우고 있던 때였다. 조득영은 순조의 장인 김조순의 일파였기 때문에, 국문을 받을 때 김조순을 믿고 사실을 부인하며 어사 서능보가 거짓 장계를 올린 것이라 말하였다. 그러나 순조는 백성들의 원망 섞인 분위기를 감지하고 있었고 뇌물을 받는 관리들에 대한 본보기로서 조득영을 서흥瑞興으로 유배하라는 명을 내렸다.

그러나 조득영의 모친 김씨가 탄원을 올려 암행어사가 사전에 마패를 보이면서 협박하였기 때문에 자신이 사실도 모르면서 그런 대답을 하였고, 어사가 하인배들에게 매까지 맞고서 사감私感을 사서 보복을 한 것이라고 하였다.

이 탄원은 김조순을 통해 받아들여졌고, 조득영은 곧 풀려 나왔으며 서능보에게는 근신이 명해졌다. 이것도 안동 김씨 세도의 횡포 가운데 하나였으니, 나약한 임금 순종이 정치를 바로 해 보고자 해도 소용이 없었다.

백성의 바른 소리는 죽음으로 이어지고

1808년 11월, 궁중에는 경사가 생겼다. 순조의 비 순원純元 왕후가 태기를 보인 것이다. 순조의 나이 열아홉, 중전은 스무 살로 알맞은 때에 왕비가 태기를 보임으로써 대대로 정실 왕손이 귀한 왕실에서는 큰 경사가 아닐 수 없었다.

입덧이 난 왕비가 친정집에 있는 배가 먹고 싶다고 하여 별안간 궁중에서는 상궁이 중전의 친정으로 배를 가지러 갔고, 국구 김조순의 집에서는 즐거운 소동이 일었다.

순조와 순원 왕후의 인릉, 서울 강남구 내곡동

알맞은 때의 회태懷胎로 중전은 왕비로서의 지위가 확고해지는 셈이었고 이는 안동 김씨의 세력과 직결되는 일이었다.

한편 고금도古今島로 유배를 가 있는 전 대사 이심도李審度는 날마다 조정을 비방하며, 흙으로 시파와 벽파의 글자를 빚어 놓고 모두 망하라는 주문을 외우고 있었다.

이심도를 죽일 구실이 없던 조정에서는 잘됐다고 생각하고 이 일을 순조에게 상주하며 그를 사사하라 하였다. 그러나 덮어놓고 사약을 내릴 수는 없는 일이기에 순조는 금부도사 신사우申司雨를 보내 현황을 살피도록 하고 만약 이심도가 조정이 망하라고 저주를 하거든 처결하라는 명을 주었다. 신사우는 봉명사신奉命使臣으로서 이심도의 생사여탈지권을 가지고 가게 되었다. 금오랑金吾郎 신사우가 고금도의 배소에 와 보니 이심도는 기인奇人의 행색 자체였다.

"누구요?"

"금부도사 신사우요. 어명을 받들고 왔으니 북향 사배하고 어명을 받으시오."

"북향 사배? 북향 사배라니, 누구더러 절을 하라는 거요?"

"허허, 당신은 봉명사신을 영접하는 예절을 몰라 이러시오?"

"여보게 금오랑, 예절은 밥 먹는 일이나 장가가는 일보다 중하다는 게 맹자의 말씀이오. 예절을 잃은 사람은 금수禽獸나 마찬가지로 예절을 모르는 집안은 불상놈 집안이요, 예절을 잃은 조정은 오랑캐의 조정일세."

　돌아오는 이심도의 대답에 신사우가 말조심 할 것을 말하여도 이심도는 임금을 향하여까지 직언을 하였다.

　"봉명사신은 그만두고 염라대왕이 곁에 있으면 내가 할 말을 못하겠는가? 바른 말을 하는 자는 내쫓거나 죽이고 조정에는 몹쓸 무리가 세도를 잡고 있으나 임금이라는 분은 어려서 아무것도 모르니 그게 오랑캐의 조정이 아니고 무언가?"

　정녕 죽기를 원해 이런 말을 하느냐고 나무라는 신사우에게 이심도는

　"당신이 나를 죽이러 오지 않았으면 이렇게 먼 데까지 무슨 할 말이 있어 온 것이겠소?"

하며 이미 다 알고 있는 일로서 받아들였다. 이심도는 놀라지 않으면서 신사우에게 죽기 전에 보게 할 것이 있으니 따라오라고 하였다.

　신사우가 이심도를 따라 배소의 뒤로 돌아가니 과연 진흙을 빚어 시時·벽僻 두 글자를 새겨 놓고 복숭아나무 가지를 꺾어다가 각각 남쪽과 북쪽을 가리키게 해 놓은 기이한 모습이 보였다. 사

대부 선비로서 이런 푸닥거리는 할 짓이 아니라 말하는 신사우에게 이심도가 호기롭게 웃으며 말하었다.

"이것 보게. 궁중에 팔십을 바라보는 늙은 홍氏가 앉아 정권을 간섭하고자 하니 이는 주역 구괘姤卦에 이른바 이시척촉 羸豕蹢躅일세. 삐쩍 마른 돼지가 힘깨나 쓰는 양 사람을 물려고 날뛴다 그 말이요."

이는 바로 혜경궁 홍씨가 이시척촉이란 말이었다. 이심도가 '시時·벽僻' 두 글자를 빚은 뜻은 천지를 개혁허서 나라 망치는 두 당파를 없애고 그런 위인들을 싹 쓸어 죽여 없애라는 뜻이었다. 그의 뜻을 분명히 알게 된 신사우는 결국 금부도사 이심도를 교살하고 조정으로 올라왔다.

뒤숭숭한 정세 속에서 1809년(순조 9) 기사년己巳年이 되었고 나라와 백성을 위한 정치가 아닌 안동 김씨 세족의 이익을 위한 힘을 기르는 속에서 민심이 안정되길 바라는 것은 무리였다. 이 해가 되면서 항간에는 또 요언妖言이 돌았다. "기사년己巳年은 기사년飢死年"이라는 소리로 다시 말해 굶어 죽는 해라는 말이었다. 또 요언으로 정초부터 민심은 좋지 않은데다 "지난 겨울에 고금도에서 이심도를 죽였으므로 앙화가 미칠 것"이라고도 하였다. 바른 소리를 하는 참된 사람을 죽이고 안동 김씨들이 전횡한다는 데에서 나온 백성들의 반감에 다름 아니었다.

　뒤숭숭한 정세는 거기에서 그치지 않고 2월 초에는 함흥 지역에 방화인지 실화인지 모를 엄청난 화재가 나서 민가 1천8백여 호가 탔다. 한번 화재에 민가 1천여 채가 넘게 불탔다면 온 누리가 불바다가 되었을 것은 뻔한 일로 며칠을 꺼지지 않고 하늘까지 불사를 듯이 불길은 무시무시하였다.

　순조는 이런 어지러운 민심을 위압으로라도 누르기 위해 연초부터 준비했던 시위적인 군사 조련 행사에 나가게 되었다. 2월 13일이었다. 이를 테면 관병식觀兵式으로 오늘날 국군의 날 행사와 비슷한 것이나 규모가 그렇게 큰 것은 아니었다. 순조는 이날 뚝섬의 모래톱 광장으로 행차하였다. 지금의 서울 마장동馬場洞 일대가 훈련원 하도감下都監의 군사 조련장이었기 때문에 거기서 가까운 뚝섬 모래사장에서 좌익, 중군, 우익의 3군은 조련 시위를 한 것이다.

　순조는 황금 갑옷투구에 은 안장을 얹은 백마를 타고 문무백관을 거느리고 궁궐을 나서서는 어영대장인 영돈령부사 김조순의 전도를 받으면서 뚝섬으로 향했다. 연도에서 백성들이 인해를 이루어 서로 행차를 보려고 야단이었다. 백성들은 삶의 팍팍함에도 임금에 대한 존경과 경외는 사라지지 않았는지 식전부터 줄을 늘

광희문

어서서 밀고 밀치며 자리다툼을 하였다. 그러나 막상 임금이 지날 때는 고개를 들 수 없으므로 모두 땅바닥에 머리를 숙이고 엎드려 임금의 용체를 우러러보지는 못하였다.

그런데 임금의 행렬을 구경하는 조심스런 분위기를 깨는 징소리가 요란하게 났다. 어승마御乘馬가 삼엄한 경호를 받으면서 광희문光熙門을 나서는 순간 깊숙이 머리를 땅에 쳐 박고 있는 백성들 틈에서 한 사내가 문득 징을 요란하게 치며 나서는 것이었다.

"상감마마, 잠시 어승마를 멈추시고 격쟁 정소擊錚呈疏를 들으시옵소서!"

격쟁을 원하는 백성의 소리를 들은 순조는 곧 말고삐를 잡고 행차를 멈추며 그 백성을 불러오도록 했다. 격쟁 정소란 백성 중에 꼭 할 말이 있거나 억울한 한이 있을 때 임금의 행차 머리에서 징을 쳐 직접 호소할 수 있는 것으로 이를테면 태종 때 궐문 밖의 신문고申聞鼓를 쳐서 왕에게 직접 탄원하던 것과 같은 이치였다.

순조 앞에 부복한 사람은 백두 서생白頭書生이라는 전라도 남원에서 올라온 유생으로 이름이 장몽서張夢瑞라 하였다. 그는 바른 말을 한 이심도를 내쫓아 절도에 안치하고 그것도 모자라 금부도사를 보내 죽인 데에 분개하여 올라왔던 것이다. 장몽서는 속에 든 말을 다하여 설분하고 죽을 각오로 남원에서 불원천리하고 올라왔으나 임금을 만날 길이 없음을 한하다가 마침 기회를 얻은 것이었다.

장몽서는 술술 외우듯이 국정이 문란하고 민생이 도탄에 빠졌으며, 천재지변이 거듭되고 북쪽 지방에서는 화재가 거듭되는 등 나라의 존망이 백척간두에 이르렀음을 단숨에 논하였다. 뒤이어 그는 임금이 무력하여 척신들에게 휘둘려 그런 것이니 차라리 궁중의 어른인 혜경궁 홍씨나 왕대비 김씨에게 수렴청정을 시키라고까지 고하였다.

그것은 안동 김씨 세도를 물리치라는 소리였다. 도대체 무얼 하는 백성이냐는 순조의 질문에 장몽서는

"백두서생이니 날이 새면 글을 읽고 끼니가 오면 세 끼 밥을 먹는 이 나라 백성이옵니다."

하였다. 이에 순조의 말문이 막히자 옆에서 김조순이 꾸짖었다.

"그렇다면 전하의 성덕이 네 일신에 흡족히 입혀져 있거늘 시각을 정한 행차를 하옵시는 성상의 어승마를 멈추고, 조정 백관과 뭇 백성이 있는 앞에서 감히 전하더러 불효라시니, 이놈!"

국구 김조순의 호통에도 장몽서는 바로 이런 자리이기에 바른 말씀을 드리는 것이라는, 백성들 간에 떠도는 소문이 이와 같다는 바른 말을 멈추지 않았다.

김조순이 순조를 대리하였으나 순조는 백성 앞에서 망신을 당하는 것이므로 기분이 좋을리는 없었다. 격쟁을 한 장몽서를 데려다 하옥하라 이른 순조는 행차를 재촉하였다. 그러나 반면 일

순조의 국구 김조순 묘소(좌)와 묘비(우)

흔네 살의 혜경궁 홍씨는 이 소리를 듣고 장몽서를 동정하였다.

혜경궁 홍씨는 지난번 자신의 이름을 빙자해 이심도를 죽인 것에 더해 또 한 사람이 죽음으로 내몰릴 것을 생각하자 안동 김씨들이 너무 극성을 부리는 것이 못마땅하였다. 백성을 위하는 진정한 힘을 가진 정권, 사욕을 버린 정치는 언제였는지 이전 경주 김씨들의 권력 남용이 사라진 것이 아니라 안동 김씨들에게로 넘어 온 것일 뿐 잘못된 것이 바뀐 것이 아니었다.

더욱 혜경궁 홍씨의 마음을 움직인 것은 장몽서가 임금에게 효성이 없다고 말하였다는 데에 있었다. 순조의 많지 않은 나이는 둘째로 치더라도, 임금은 처족 김씨들에 싸여 시비에 어두웠고 소신에 따른 정사를 펼 힘 또한 없었다. 사실 이런 격쟁은 임금에게 꼭 필요한 따끔한 한마디였다.

혜경궁 홍씨는 장몽서가 옥에 갇혀 불쌍하다고 생각한 데 그치지 않고 비자를 시켜 꿀물까지 타서 보내주었다. 금부 옥청에 이른 나인들은 목숨을 두려워 아니하고 바른 말을 드리는 충성을 가상히 여겨 혜경궁 홍씨가 특별히 하사하는 밀수蜜水라고 일렀다. 그러나 장몽서는

"선비는 남한테 칭찬 들으려고 언쟁을 하는 것이 아닙니다."
란 말로서 밀수를 받지 않고 퇴하였다.

그러나 이것은 안동 김씨 김조순 일파의 감정을 더욱 격앙되게 만들었다. 장몽서가 혜경궁 홍씨를 두둔하고 안동 김씨 등의 척신을 비난하였다는 이유로 혜경궁 홍씨가 그에게 꿀물을 하사하였다고 보았기 때문이다.

바로 다음날 장몽서의 국문이 집행되었다. 국문의 집행은 전날 격쟁 정소의 자리와는 달라서 곧 매질과 혹형부터 가해졌다. 그러나 장몽서는 조금도 굽히지 않고 김조순 등 권신들의 잘못을 말하다가 이튿날인 2월 15일에 무참히 참수당하여 효시되고 말았다.

백성이 살 길은 어디에

3월에 들어서는 경상도 울산蔚山에서 대화재가 일어나 민가 5백 호가 회진灰塵되었으며 4월부터는 날이 가물기 시작하여 6월까지 두 달이 넘도록 비 한 방울이 내리지 않았다. 천수답天水畓을 가지고 하늘만 쳐다보던 농민들은 맥을 놓고 말았고 연초의 요언이 회자되었다.

"기사년이 기사년飢死年이라더니 아주 굶어 죽일 모양이로구나"라는 말부터 시작해 "하느님이 이 땅을 내려다보고 노하여 이

사직단, 서울 종로구 사직동

제는 비 한 방울을 안 주는 것이다" "싸움을 일삼는 나라에 비를 내리겠소?" "그러면 다 타죽는 거요? 굶어 죽기 전에 이러다간 먼저 타죽겠소" 등 백성들의 근심은 이제 먹고 사는 문제에 다다랐다.

온 누리가 다 타죽는다고 야단이자 순조도 겁이 나서 6월 들어서는 기우제祈雨祭를 지냈다. 사직단社稷壇의 남단南壇 우사단雩祀壇에 나가 무릎을 꿇고 하늘을 우러러보며 비를 청하는 제문祭文을 읽었으나 그래도 비는 오지 않았고 온 천지는 삼복의 불볕으로 타들어갔다.

세상이 불로써 망한다더니 참말이라며 반 체념을 한 조선에 6월 보름께가 되어서야 비가 내렸다. 비는 장마철의 폭우처럼 갑자기 퍼부어대었고 만민이 기뻐 날뛰었으나 단비 같은 폭우는 곧 홍수로 변하고 말았다. 빨갛게 타들다 남은 몇 그루의 벼들은 수장되고 금강錦江 유역 일대의 백성들이 할 수 있는 일이라곤 하늘을 향해 통곡하는 것뿐이었다. 순조는 그래도 나머지 각 지역에 흡족한 비가 내렸다 하여 유시를 내려보냈고

〈이미 이앙할 시기는 늦었으니 메밀로 대파代播하여 생명이나
부지하도록 힘쓰라.〉

며 대용갈이를 장려하는 한편 가을에는 지세地稅를 면제해 주겠다고 공포하였다. 그러나 인구가 많이 모여 사는 한양은 지방에서 쌀이 들어와야 먹고살 수 있는 일이므로 벌써 쌀이 부족할 것을 대비한 부유한 사람들은 쌀을 많이 사서 저장해 두었기 때문에 가수요假需要가 늘게 되었다. 또 약삭빠른 미곡상들은 곡가가 뛰어오를 것을 예측하고 곡식을 매점매석하였다.

순식간에 한양의 곡가는 다락같이 오르고 유통은 나날이 달라졌다. 지금도 쌀값 안정이 경제 정책의 중요한 비중을 차지하는 일인 것처럼 이때는 나라의 안위가 한양의 곡가 안정에 있다고 할 만큼 중요한 문제였다. 조정에서는 한양의 부민富民과 미상米商에게 장곡을 금하는 영을 내렸으나 소용 없이 쌀은 여전히 달리고 값은 폭등하였다.

좌의정 김재찬金載瓚은 한양의 곡가를 이들 미곡상, 특히 강상

江商이라고 불리는 마포麻浦의 미곡상들이 조작한다고 하여 한강으로 들어오는 지방의 곡식을 강상들에게 팔지 못하도록 하라고 주장하였다. 지방의 미곡상들이 조운漕運으로 해서 쌀을 가지고 올라와 강상들에게 도매하면 이들이 가격을 조절하여 사대문 안으로 들여보내는데 김재찬은 그 과정을 거치지 말고 성 안으로 들여오게 하라 상주하였으니, 이것은 일종의 방곡령防穀令과 같았다. 그러자 호조판서 이만수李晚秀는 이에 반대하여 맞섰다. 곡가가 올라가고 있으니 강상들에게 오히려 돈을 대부하여 매매를 활발하게 해야 한다는 것이었다.

이렇게 의견이 대립되어 의논이 분분해지고, 정책은 혼미해 있는 동안 쌀값은 자꾸 올라가고 말았다. 또한 지난 일 년 내내 계속된 재난으로 나라의 보유 양곡은 거듭 구호곡으로 대출하여 나라의 곳간마저 텅텅 비게 되었다.

그러더니 7월 들어서는 평안도와 황해도에 태풍이 크게 불어 민가 3천여 호가 부서지고, 인명 피해도 50명을 넘었으며 6천 석지기의 전답이 피해를 입었다. 6천 석지기라면 논의 2천4백 만 평에 해당한다. 이어 8월에 들어서는 흉년이라고 금주령禁酒令을 내렸다. 곡식을 아끼기 위하여 술을 담그지 못하게 한 것이다.

하늘도 조선을 돕지 않다

이처럼 백성들이 가뭄과 수해, 태풍 등의 끊임없는 재난에 허덕이던 중인 1809년 8월 9일에 왕비 김씨는 몸을 풀었다. 무사히 순산한 아기는 옥동자로 궁중에서는 굉장한 경사가 났으므로 대들보가 들썩할 정도로 떠들썩했다. 그리고 밖에서는 외조부되는 국구 김조순이 만면에 웃음을 지으며 문전성시를 이룬 축하객을 응대하기에 바빴다. 이는 그의 위치가 더욱 확고해지는 일이기 때문이었다. 그다지 늦지 않은 알맞은 때에 초산으로 왕자를 낳았으니 이제는 만사형통이라 생각한 것이다.

수릉 내의 익종 신도비,
경기도 구리시 동구릉

정실 왕비의 맏아들로 태어났으니 별일이 없다면 이 아기는 조선의 대통을 이을 세자가 되는 것이다. 이름을 대톳라고 한 이 왕자는 끝국 단명한 수재秀才 효명 세자이고, 나중에 추증되어 익종翼宗이 되었다.

손이 귀한 궁중에 정실 왕비가 이렇듯 일찍이 원자를 낳은 것은 크나큰 경사였으며 계속되는 천재 속에서 있던 일이라 사람들은 희망을 부여하기 시작하였다.

"자고로 큰 인물이 나려면 6년 가뭄에 초목이 타죽는다든가 큰 홍수가 거듭 지든가 하는 재변이 와서, 그 인물의 탄생함을 미리 알린다고 하옵니다. 이제 장차 성상의 뒤를 이어 이 나라를 통치하실 원자께서 나시니 그보다 더 큰 인물의 탄생이 또 어디에 있겠습니까?"

김조순 등은 이를 경축하여 죄인들을 대사大赦하고 증광시增廣試를 보이라 하였다. 그리하여 증광 과거를 보인다는 방이 나붙게 되자 유생들이 각지에서 장안으로 모여 들었다.

이때에는 전국의 인구가 1천 만에 육박하여 그만큼 벼슬하려는 사람도 많고 과거장에 운집해 오는 유생도 많았다. 과거장에 사람이 너무나 많이 모여 초장初場에는 한자리에서 다 볼 수가 없었고 성균관의 뒤뜰을 둘로 나누어서 보게 되었다. 시간이 되어 시제가 나붙었는데 뜻밖에도 문제가 너무 어려웠다. 한 번만 보는 시험이기에 양쪽이 모두 같은 문제인 줄 알았던 유생들은 서로 문제가 다른 것을 알고 한쪽에는 쉬운 문제가 나왔다는 소문에 쑤근대다 옆 장소로 옮겨 갔다. 한두 명이 이렇게 하자, 누구나 할 것 없이 일시에 한쪽으로 몰렸고 시험 감독들이 소리를 질

러도 듣지 않았다. 방석이 공중으로 날고 돌이 핑핑 날아가는 등 과거장은 난장판이 되었고 결국에는 칸막이 나무가 몽둥이로 변하여 유혈 사태에까지 이르게 되었다.

사태가 어찌할 수 없게 과열되자 마침내 시험을 중지한다는 글을 내붙였고 원자 탄생을 축하하는 증광과는 그만 중지되고 말았다. 그나마도 누가 먼저 시작했는지 시비를 가릴 수가 없어서 범인을 잡을 수도 없었다.

원자가 탄생되어 모든 것이 잘 되리라는 기대로 시작한 증광 과거부터가 난장판으로 폐과가 되고 만 것이다.

10월로 들어서 13일에는 창덕궁 옥류천玉流川 부근에 떨어진 벼락이 고목나무를 치면서 우박이 무섭게 쏟아졌다. 궁중에 벼락이 떨어지는 것은 조선 시대에는 예사로운 일이 아니었다. 변고는 변고로 돌린다 하거니와 백성은 한창 늦게 파종한 곡식들을 거두려는 참인데 그나마 우박으로 쓰러뜨려 놓으니 하늘도 참으로 무심하였다.

주먹 같은 얼음 덩어리가 삽시간에 퍼부어 온 산야를 허옇게 뒤덮더니 갑자기 추워지는 날씨와 함께 얼어붙어 녹지도 않았다. 백성들은 대파한 곡식이나마 거두어들이지도 못하고 추위 속에 논밭에 나가 겨우 알곡식을 주워 먹고 살아가야만 했다.

함경도 하우면 명천리의 명천읍성,
1517년(중종 12) 여진족 침입을 막기 위해 윤관이 축조하였다.

경성군 지도   대동여지도, 회령군 부분

　다음해인 1810년(순조 10) 정월에는 함경도의 명천明川, 경성鏡城, 회령會寧 등지에 지진이 일어나 집과 나무들이 허물어졌다. 3월에는 일식日蝕이 일어났는데 다시 사람들은 이것이 해가 잡아먹힌 것이라고 하여 야단이었다.

　그러나 다행히도 이해에는 보리가 잘되어 백성들이 연명을 하는데 도움이 되었고 조정에서는 삼남 지방의 절량絶糧민 840만 명에게 54만 석의 구호 곡식을 풀어 입에 풀칠이나마 하게 하였다.

자연 재해는 끊이지 않아 7월이 되자 또 폭우가 퍼부어 한양에서만도 7백여 호의 집이 유실되었고 비는 1자(330밀리미터) 이상이 일시에 쏟아졌다. 그뿐 아니라 의주에도 큰비가 내려 1천8백여 호의 집이 떠내려갔고 며칠 뒤에는 안변安邊에드 홍수가 휩쓸어 가옥 7백여 호와 모든 재산을 몽땅 쓸어 가버렸으며, 덕원德源 땅에서도 홍수가 져서 엄청난 피해를 냈다.

천재지변에 낙담을 한 백성들은 일할 의욕을 잃었고 거지가 된 하층민들이 떼 지어 몰려다니다, 한양에는 부자가 많이 모여 있음으로 떼를 지어 한양을 향해 무작정 올라왔다. 그러면서 육신이 멀쩡한 자들이 거지 행세를 하면서 어떤 이는 도적질에 또 반강도처럼 먹을 것을 얻어먹으며 모진 목숨을 연명하였다.

이런 사람들이 점점 늘어 떼를 지어 몰려다니자 포도청에서는 단속하려 하였으나 원체 수가 많고, 잡아다가 밥만 먹여 줄 테면 좋다고 나오기에 이르니 그만 내버려두었다. 무리에는 남녀가 함께 끼어 수십 명, 또는 수백 명이 되는 대집단도 있었는데 이 집단이 어떤 집에 닥치면 주인은 꼼짝없이 당할 수밖에 없었다. 그집도 별게 있지 않았으니 하루 이틀이면 거덜이 나서 먹을 것이 없어지게 되었고 그러면 그 주인집 사람들도 패에 끼어 따라다니게 되었다.

그리하여 이런 부랑자들은 눈덩이처럼 자리를 옮길수록 수효가 불어 갔으며, 어느 집이든지 떼로 들어가 닥치는 대로 먹을 것을 내놓으라고 아우성치다가 안 주면 닥치는 대로 두들겨 부숴 버렸다. 그래서 세상은 이들을 모두먹기라고 불렀다. 이 모두먹기들은 마치 메뚜기가 떼로 날아와 곡식을 먹고 다른 곳으로 이동하면 그 일대가 폐농이 되고 마는 것처럼 이 모두먹기 떼도 꼭 그와 같았다.

간신들에게 놀아나는 임금

스물한 살이 된 순조도 이제는 염치가 없었다. 그대로 임금 자리에 앉아 있는 것이 부끄러울 만큼 된 것이다.

"내가 어린 나이로 용상에 앉은 지 이제 10여 년이 되었소. 그런데 우순풍조雨順風調해서 백성들이 안심하고 살아온 것이 아니라 그 10년 동안에 하루도 무사했던 날이 없었소."

순조는 마침내 여러 신하들을 정청에 불러 놓고 스스로 자기 부덕을 탄하는 말을 하였다. 어조는 침통하였다.

"이것은 임금인 내가 부덕해서 그러는 것이오. 정 용상에 앉아 있어서 안 될 과인이라면, 죄 없이 방황하고 고생하는 많은 백성들을 더 이상 고생시키지 말고 과인이 이 자리를 물러나야 되겠소. 대체 어찌하면 좋을지 경들은 기탄없이 의견들을 말해 주시오."

임금이 가책하는 것까지는 좋지만 자리를 물러앉겠다니 말도 안 되는 소리였다. 누구에게 전위할 사람도 없는 터였으며 또 명색이 임금일 뿐 실권은 김조순이 쥐고 있기 때문이었다.

찬물을 끼얹은 듯이 숙연하던 신하들 중에 마침내 좌의정 김재찬이 출반出班하여 아뢰었다.

"전하, 천재지변은 어느 임금 때나 있던 자연적인 하늘의 이치이옵니다. 어찌 전하의 덕이 없으심과 관계가 있다고 하시오리까."

하며 김재찬이 여러 예를 들어 위로의 말을 하자 영돈령부사 김조순도 마침 일본에서 돌아온 도해渡海 당상역관堂上譯官 현의순玄義洵과 최석崔昔의 견문록을 예로 들어 올리며 위로하였다.

"전하, 동쪽 바다 건너 일본의 형편을 견주어 보옵시면 우리나라의 형편이 아직도 하늘과 땅의 차이만큼이나 되 낫다는 것을 아실 것입니다."

일본의 천재지변이 조선보다 더하다는 말이냐고 묻는 순조에게 김조순은

"잠시 감해 보시옵소서. 일본에는 8도道가 있고 각 도에는 66주州가 있으며, 또 이것이 632군郡으로 나뉘어져 있습니다. 하온데 참람하게도 저들이 천황天皇이라고 부르는 국왕은 실권이 전혀 없이 대화주大和州에 있고, 정치는 전적으로 무장주武藏州에 있는 관백關白이 맡아 다스립니다."

하였다. 국왕이 실권은 전혀 없이 그저 형식뿐인 존재인 허수아비라는 말을 임금 앞에서 말한 것이다. 백성들의 굶주림에 대해서도 대마도로부터 섭진주攝津州의 대판성大阪城까지는 수로와 육로로 합쳐서 거리가 2천430리인데 백성들은 부자라 할지라도 명주옷을 입는 자가 없으며, 대부분이 감자로써 주식을 삼아 연명하고 있다며 순조를 설득하였다. 또한 쌀이나 보리와 같은 곡식은 대부분 태수太守에게 공납하고, 백성들은 감자를 주식으로 하여 지내기 때문에 왜인들의 종자가 잘은 것이라며 조선에 큰 문제가 있는 것이 아닌 것처럼 상황을 정당화하려 하였다.

실권이 없는 임금이라는 소리는 자신에 빗대어 말하는 것으로 이해하고 성을 내야 맞는 일일텐데 순조의 얼굴에는 화색이 피어오르며 안도를 하였다. 자신의 무기력한 상황에 최소한의 위로가

되었는지, 실제 권력을 빼앗겨 힘을 가질 수 없는 자신을 회피하려 하였는지 순조는 통치 10년에 나라와 백성이 도탄에 빠지고 천재지변이 심한 것에 대해 심각하게 생각하지 않게 되었다.

임금이나 조정이나 별 깨우침 없이 자신의 자리를 지키며 시간은 흘러갔다.

백성들의 분노가 폭발하다

신미辛未년, 1811년이 왔다. 그해 2월에 들어서 황해도 곡산 고을에서 부민府民 박대성朴大成 등 수백 명이 큰 폭동을 일으켰다. 백성들이 일으킨 첫 봉기였다.

한편 임금의 외조부이며 가순궁嘉順宮 수빈綏嬪 박朴씨의 부친인 박준원朴準源은 고인이 되었고, 그 아들 박종경朴宗慶이 위복을 누리고 있었다. 박종경은 순조의 외숙으로서 순원 황후에게까지 신임을 받으며 군국의 기무機務에서부터 공부貢賦에 이르기까

수빈 박씨의 아버지 박준원 묘비,
경기도 여주시

순조의 생모 수빈 박씨 묘소 휘경원, 경기도 남양주시

지 장악하여 권세가 대단하였으며 이조판서의 자리를 차지하고
있었다.

박종신朴宗臣은 그의 먼 일가로서 덕을 입어 곡산 부사로 나갔
다. 권력가 박종경이 이조판서로 있는 만큼 뒤가 든든하였던 박
종신은 부임하는 즉시 환곡을 긁어모으고 군포軍布도 받을 수 있
는 만큼 강력히 징수해 창고에는 곡식이 넉넉하게 되었다.

본래 환곡이란 춘궁기春窮期에 농민들 중의 어려운 이에게 저
리低利로 대여하였다가 가을 추수 후에 거두어들이는 것으로 이
자는 1년에 1할이었다. 그러나 박종신은 대개 3할의 이자를 받았
으며 그 이상인 경우도 많았다. 또 그 이듬해에 환곡을 다시 대여
할 때는 쥐가 파먹어 모자라는 것을 서축鼠縮이니, 반작半作이니

하여 한 섬이 못되는 것을 그대로 대부
하고는 가을에 받을 때는 한 섬을 받고
또 이자를 받는 것이었다. 이런 까닭에
곡산읍의 창고에는 항상 남은 곡식이 가
득하게 쌓여 있었고 약삭빠른 이속吏屬

『곡산읍지』에 실린 곡산읍

들은 창고에서 도적질을 해 먹기도 하였
다. 박종신은 곡식 창고를 늘 빈틈없이 감시하도록 하여 누가 조
금이라도 근처에 얼씬거리면 도둑이라 하여 옥에 가두었다. 그러
므로 곡산읍의 백성들 중에는 죄 없이 감옥에 갇힌 자가 많았다.

　그러면서 박종신은 관기들과 흥청대며 놀기에 바빴다. 굶주린

관기 초상

백성들은 모이면 공론을 하여 자신들도 창고
에서 곡식을 훔쳐 내기로 하고는 무모하게 창
고 근처로 간 백성들은 곡식을 보지도 못하고
옥에 잡혀 들어가고 말았다. 옥중에는 그런
사람 외에도 부사 박종신이 요구하는 물건을
바치지 않았다는 죄로 잡혀 들어와 고생하는
자도 많았다.

　한편 곡산읍에 사는 심낙화沈洛化는 친구인
박대성, 한극일韓極一, 송진권宋辰權 등과 모

여 박종신을 몰아내기 위한 공론에 들어갔다. 그동안 박종신은
제 부하 관속이나 읍내 사람들에게 공히 인심을 잃어 누구 하나
부사 편을 들어주는 사람이 없었고 아전 패들과 읍내 사람들 간
에는 부사를 쫓아내자는 의논이 공공연하게 떠돌았다. 박대성은
읍내의 젊은 사람으로 여론을 이끌 수 있는 인물인데다가 자신의
친족이 옥에 갇혀 고생하고 있었으므로 그는 자신의 친족을 구출
코자 부심하던 끝에 마침내 주모자로 나섰고 심낙화 등 세 명이
함께 도왔다.

　어느 날 대낮에 박대성은 읍에 수백 명을 모아 놓고 소리를 높
였다.

　"여러분! 우리 곡산 부사는 보기 드문 탐관오리요. 그런 자를
잘못 만나 우리들의 등가죽이 벗겨지고 있소이다. 옛날부터 원님
이 잘못하면 짚둥우리를 탄다는 말이 있습니다. 여러분, 저 못된
부사를 몰아냅시다!"

　모두가 여기저기서 호응하자 박대성은 앞장서 관아로 쳐들어
갔다. 관아를 지키던 아전과 군사들은 쳐들어오는 무리를 보고는
슬금슬금 피하더니 눈짓을 하고 달아나 버렸다. 어서 들어가 부
사를 잡아 내쫓으라는 뜻이었다.

　군중은 아무 방해도 받지 않고 동헌으로 뛰어들었다. 이에 놀

란 부사 박종신은 아무도 없느냐고 소리소리 질렀으나 나오는 자는 없었다. 폭도들은 아랑곳없이 동헌 마루로 어지러이 뛰어 올라왔다. 그들은 버선발로 내아內衙로 도망치는 박종신을 동헌 마당 앞으로 끌어내고, 수백 명의 폭민들은 들어가 닥치는 대로 부수었다. 그런 다음 미리 준비해 가지고 간 짚둥우리에 그를 잡아매어 여럿이 어깨에 메고 나섰다.

죽을상을 한 채 벌벌 떨고 있는 박종신의 꼴을 본 성난 군중들의 야유가 쏟아졌고 폭민들은 "영차, 영차" 소리가락까지 맞추며 거리를 달렸다. 읍민들은 이 광경에 모두 고소하게 웃어 댔고 한 패는 옥문을 부수어 잡혀 있는 죄수들을 전부 내보내는가 하면 창고의 곡식을 풀어 빈민들에게 나누어 주었다.

박대성은 부사의 임명장과 같은 부신符信을 빼앗고, 직인인 부인符印까지 압수하여 여러 사람 앞에서 일장 연설을 하였다.

"여러분, 본 고을 사또 박종신은 백성의 피를 긁어모아 자신의 사복을 채웠소. 그래서 짚둥우리에 태워 30리 밖으로 내쫓는 것이오! 우리들은 이제 부사를 내쫓았으니 나라에 이 사실을 보고하고 새로이 좋은 사또를 보내달라고 하겠소. 그런 만큼 여러분은 장한 일을 한 것이니, 칭찬을 받을 것이오."

모두가 박대성의 말에 환호성을 올리며 좋다고 하였다. 그러나 이웃 고을의 수안遂安 군수 오준상吳準常이 쳐들어온다는 소식을 들은 박대성의 무리들은 일시에 흩어지고 말았다.

　이 사건은 사흘 뒤에야 조정에 보고되어 올라왔다. 조정에서는 즉시 좌포도대장 오의상吳毅常을 곡산 부사로 제수해서 내려보냈다. 무서운 포도대장이 부사로 내려오게 되었으니 부민들은 혹을 떼려다가 외려 더 붙인 꼴이 되었다.

　순조는 이 폭동이 아무래도 심상치 않다고 여겨져 우부승지 이면승李勉昇을 안핵사按覈使로 내려보내 그 진상을 잘 조사케 하였다.

　한편 폭동에 대한 급보를 받은 황해 감사 홍희신洪羲臣은 신계新溪와 수안 고을의 군사를 거느리고 곡산으로 들어가 보았다. 소동은 가라앉고 마을은 조용했으나 홍희신은 전의 아전들을 수습하여 그 동안의 경과를 묻고 주모자급으로 40여 명을 잡아 하옥시켰다. 이러는 와중에 안핵사 이면승이 곡산으로 내려왔다. 박종신의 관노인 광추는 달아난 반민들의 내용을 잘 알고 있어 모조리 잡아들이니 1백 명이 넘었다.

　안핵사 이면승은 고을의 유지들을 두루 찾아다니며 전 부사 박종신의 행적을 알아보고 또 관노 광추에게 자세히 들은 뒤에 한양으로 장계를 올려 보고하였다. 조정에서는 박종신을 울산으로 귀양 보내고 반민들 중 37명을 목 베기로 하였다. 그 37명 가운데는 반민들에 등을 지고 조정의 손을 잡은 관노 광추도 포함되었다.

곡산 고을의 폭풍은 곧 잠잠해지는 것 같았으나 그것은 대반란의 전초전에 불과하였다. 이때 홍경래의 나이는 서른두 살로 한창이었다.

홍경래의 비범함에 기대를 걸고

홍경래는 1771년(영조 47)에 평안도 땅 용강군龍岡郡 다미면多美面 세동細洞에서 났다. 그가 태어난 동네는 꽃장골(화장곡花庄谷)이라고 하였는데 남양南陽 홍洪씨인 선친이 이곳으로 이주해 와서 천대받는 서북인西北人이 되었던 것이다.

이때는 평안도 사람을 멸시해서 평안도 놈이니 평치니 서한西漢이니 하고 불렀다. 이태조가 나라를 세우고 서북인을 관계에 등용치 말라는 계명을

용강군 지도

홍경래 족보

내린 이래 평안도 사람은 아무리 학문이 높고 인격이 고매하고 무술이 능하다 하더라도 문관은 지평持平 이상의 벼슬에 오르지 못하고, 무관은 첨사僉使 이상의 벼슬에 오르지 못하였다.

이러한 땅에서 태어난 홍경래는 땅딸보, 꼬마 대장 등의 별명으로 불리며 동네 아이들과 전쟁놀이를 하며 자랐다. 그는 길을 파놓고 돌을 쌓아 진陳과 성의 형국을 만들어 놓고 노는지라 자주 동네 어른들에게 야단맞기가 일쑤였다.

그러나 홍경래는 서당에도 열심히 다녔으며, 글공부에도 비상한 재주가 있었다. 홍경래가 일곱 살 때였다. 서당 훈장은 그가 머리도 좋고 생김이 범상치가 않자 담력을 한번 시험해 보리라 하고 어느 밤중에 명하였다.

"경래야, 너 어디 좀 다녀오려느냐. 아랫마을 비석거리가 있지? 그 비석거리 옆에 큰 고목나무가 있느니라. 그 고목나무에 큰 구멍이 뚫려 있는데 그 속에 무엇이 있을 터이니 가서 꺼내 오너라."

그러자 어린 홍경래는 조금도 망설이지 않고 밤길을 홀로 걸어 호젓하고 무서운 아랫마을 비석거리 옆의 고목나무에 갔다. 고목나무에 난 구멍은 어른이나 닿을 수 있는 높이에 있어 이제 일곱 살의 꼬마에게는 무리였다. 그러나 홍경래는 짚신을 벗고 기어 올라가서 그 구멍에 손을 집어넣었다. 그러자 구멍 속에서 무언가가 갑자기 홍경래의 손을 꽉 움켜잡는 것이었다.

놀란 홍경래가 엉겁결에 소리를 지르자 안에서도 우렁우렁하는 소리가 나왔다.

"이놈, 어디라고 감히 손을 넣어? 나는 이 고목나무 귀신이다. 이놈, 배가 고프던 참에 너를 잡아먹어야겠다!"

그러나 홍경래는 당돌하게 되물었다.

"귀신이요? 그런데 귀신의 손이 왜 이렇게 따뜻하지요? 모르긴 해도 당신은 귀신이 아닌 것 같은데 도대체 누구세요?"

일곱 살짜리 소년으로서 너무도 담력이 큰 소행이었다. 사람들은 이 애가 장차 무엇이 되려고 이렇게 담력이 큰 것이냐며 혀를 내둘렀다.

장차 큰 인물이 되겠다고 하는 바람에 홍경래의 부모는 중화中和에 있는 아이의 외삼촌 유학권柳學權에게 보냈다. 유학권은 일대에서 이름을 날리는 학자였는데 평안도에서 태어나 시골에서 훈장으로 썩고 있었다.

홍경래는 하나를 배우면 둘을 아는 천재였다. 홍경래가 여덟 살 때 유학권은 그를 가르치다가 단문單文을 하나 지어 보라 하였다. 그랬더니 홍경래는 즉석에서 써 냈다.

踞坐海鴨山 거좌해압산
洗足腰浦江 세족요포강

해압산 산턱에 걸터앉아서,
포강이라는 강물로 발과 허리를 씻으리라.

외삼촌 유학권은 구상유취口尙乳臭의 여덟 살 꼬마가 이런 담대한 생각을 시로써 표현하는 데에 아연하지 않을 수 없었다. 재주도 천재이니 장차 이놈이 무엇이 되려고 이러는 것일까 하고 유학권은 생각했다.

그런 지 몇 해 뒤에 유학권은 홍경래에게 또 글을 지어 보라 하니 이번에는 더 놀라운 글을 써 냈다.

秋風易水壯士拳 추풍역수장사권
白日咸陽天子頭 백일함양천자두
가을바람 부는데 역수 장사의 주먹은
백일하에 함양 천자의 머리를 노리도다.

이것은 중국의 옛날 형가刑軻가 연燕나라 태자의 지우知遇를 받
았는데, 진시황에게 죽었으므로 어느 해 가을 그 원수를 갚고자
역수易水를 떠나 진나라 서울 함양咸陽으로 가서 진시황을 죽이려
하였던 고사를 인용한 글이었다.

유학권은 학식은 높았으나 졸장부였다. 이것을 보자 그는 그만
겁이 나서 그대로 이놈을 기르다가는 자신이 무슨 화를 입을지
모르겠다고 생각하였다. 그리하여 홍경래에게 이제 공부도 웬만
하니 집에 가 부모를 봉양토록 하라며 그를 귀향시키고 따로 홍
경래의 부친에게 편지를 써서

〈경래의 문재는 비범하지만 그 뜻이 순하지 않으니 주의를 각별
히 하십시오.〉

하고 당부하였다.

외숙에게 쫓겨나듯 집으로 돌아온 홍경래는 자습으로 모든 경사經史를 통달하고, 병서兵書를 탐독하였으며 아침저녁으로 도약跳躍과 검술劍術을 연마하였다. 그런 얼마 후에는

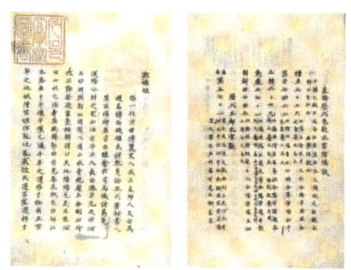

『정감록』

하루에 2, 3백 리의 길을 달릴 수 있을 만한 초인적인 힘까지 얻게 되었다. 홍경래는

"문사文事에 있는 자일수록 반드시 무비武備가 있어야 한다."

고 말하면서 방에는 항상 책을 산적해 놓고 읽었으며 안두案頭에는 삼 척의 장검이 있어 출입할 때는 언제나 이것을 차고 다녔다. 그는 또 병서에서 술서術書까지 통해 웬만한 술법은 할 수 있게 되었으며 특히 『정감록鄭鑑錄』 등에 통달하였다.

이러한 청년이 비범한 자질에 박학한 실력을 쌓고 문장이 또 천하 명문장이니 사람과 담론할 때는 이론이 정연整然하여 듣는 자가 모두 탄복하였다. 또한 담이 크고 의협심이 강해서 약한 자를 돕고, 의를 위해서는 돈을 물같이 쓰되 후회하지 않았기에 점차 모두가 홍경래를 따르고 기대를 걸게 되었다.

1798년(정조 22), 열아홉 살의 홍경래는 초시初試인 사마시司馬試

에 응했으나 서북인이란 이유로 낙방하여 고배를 마셨다. 그의 뛰어난 문재로 해서 홍경래의 낙방에 마을 사람들은 믿지 못하고 놀랄 수밖에 없었다. 마을 사람들은 무엇보다 홍경래가 암행어사라도 되어 내려와 탐학하는 관원들을 혼내고 살 길이 터지기를 기대하고 있었던 것이다.

천하를 뒤바꾸기 위한 10년의 준비

그로부터 홍경래는 과거 볼 생각은 버리고 다른 큰 뜻을 품기 시작했다. 그러던 차에 1800년(순조 즉위) 부친의 상을 당하게 되자 마을 뒤의 선산에 장사를 지내고 첫 예언을 하였다.

"이는 무등 대지無等大地의 명당이다. 곧 커다란 음조陰助가 있을 것이다."

한마디를 남긴 홍경래는 봇짐 하나를 지고 집을 나섰다. 홍경래의 나이 스물한 살이었다. 그는 우선 장사꾼 차림, 도인이나 술사의 차림으로 평안도 일대를 샅샅이 다니면서 지형과 민심을 살피고 예언을 퍼뜨렸다. 각지를 전전하며 빈한한 생활을 하기 시작한 홍경래는 이때 당시 과거제도의 부패상, 안동 김씨의 세도정치, 삼정의 문란 등으로 인한 일반 백성들의 비참한 현실을 체

험하면서 사회의 모
순에 대한 객관적인
인식을 가지게 된다.

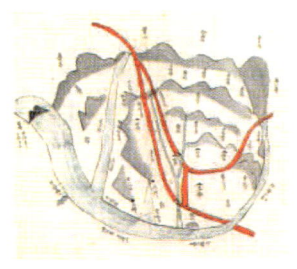

그해 여름은 정조
가 승하하고 열한 살
의 순조가 등극하던

『가산읍지』에 실린 가산읍

해였다. 세상은 더욱 흉흉해지고, 탐관오리의 가렴주구苛斂誅求
는 날로 더해갔다.

홍경래는 가산 고을에 있는 청룡사淸龍寺에서 여독을 풀다가
어떤 헌헌장부를 만났다. 이제까지 만나지 못했던 인물로 둘은
바로 의기가 투합되었다. 그는 우군칙禹君則으로 태천泰川의 명문
가 자제였으나 서자로 과거에 응할 자격이 없는 신분이었기에 우
군칙 역시 집을 버리고 자칭 지사地師(지관) 행색으로 각처를 방랑
하며 부잣집의 묏자리나 잡아 주고 돈푼을 받아 술을 퍼마시며
울분을 푸는 자였다.

두 사람은 1년 뒤에 다시 만나기로 하고 각기 헤어졌다. 홍경
래는 강계江界, 여연閭延 등 압록강 상류 지방으로 두루 다니다가
만주滿洲의 마적단을 만났다. 무예가 능한 홍경래는 도적 몇 놈을
해치운 끝에 마적단의 두목 정시수鄭始守라는 자를 만나게 되어

오히려 친구가 되었다. 정시수는 홍경래가 국내에서 큰 반란을 일으키면 만주의 마적단을 끌고 와 돕겠다고 약속했다. 큰 힘을 얻은 셈이었다.

1년의 시간이 흘러 다시 청룡사에서 우군칙을 만난 홍경래는 터놓고 그런 사실을 말하였다.

"이제 나는 10년 안으로 조선을 뒤집어 새 나라로 바꾸겠소. 노형이 비록 나보다 몇 살 연상이지만 나를 위해 그 지혜를 아끼지 마시오. 어떻소? 나의 모사謀士가 되어 주시오."

우군칙은 홍경래보다 나이는 여섯 살 더 많지만 큰일을 위해 어찌 연령을 따지겠는가며 즉석에서 홍경래의 부하가 되었다.

큰일을 위해서는 무엇보다 돈이 우선 필요했다. 부근에는 가산역嘉山驛의 이속으로 있는 이희저李禧著라는 거부가 있었다. 이희저는 돈을 주고 무과를 사서 급제한 인물로 고집이 세고 힘깨나 쓰는 것으로 알려졌다. 둘은 우선 이희저를 동지로 끌어들이기로 작정하였다. 우선 우군칙은 자신의 아내를 점쟁이로 꾸며 이희저의 집에 들여보냈다.

"10년 이내에 대운이 터지겠는데, 반드시 수성水姓을 가진 사람을 만나면 크게 길하겠소이다."

수성이란 홍洪씨를 두고 하는 말이었다. 이희저는 위와 같은 말

『곽산읍지』에 실린 곽산

을 하고 돌아간 점쟁이에 대해 별로 귀담아
듣지 않고 흘려버렸다. 그런데 1년 뒤에 우
군칙이 그 집의 묏자리를 보아 주게 되었으
므로 우군칙은 절호의 좋은 기회라 생각하
며 이희저를 꾀었다.

"당대 발복發福이 있을 것이니 수성 가진
자를 가까이하시오."

1년 전 점쟁이의 말과 같은 말을 듣게 된 이희저는 은근히 기
대하게 되었다. 얼마 후 홍경래가 도인의 행색으로 나타나자 이
희저는 반가워하며 홍경래를 잘 대접하고 가산 다복동多福洞 자
신의 집에 머물게 하였다. 이희저는 곧 홍경래의 비범한 담론에
매혹되어 동지가 되었다.

또한 곽산郭山에 사는 김창시金昌始는 김 진사로 통했는데 평안
도 선비들 사이에서는 모르는 이가 없을 만큼 문장과 재예가 높
았다. 명망이 높은 사람이므로 홍경래는 그런 사람도 필요하였
다.

김창시가 어느 날 황해도 봉산鳳山의 동선령洞仙嶺 고개를 지나
가는데 웬 푸른 옷을 입은 동자童子가 나타나 안내하였다. 그가
따라가 보니 심산궁곡에 초막을 짓고 홍경래가 이인異人 행색으

로 앉아 있었다.

"머지않아 큰 난리가 일어날 것입니다. 이는 묘향산妙香山에서 얻은 서산西山 대사의 비결에도 분명히 적혀 있소이다. 그런데 이를 구해낼 인물은 반드시 서토西土에서 나타날 것이라고 하였습니다. 그리하여 나는 오래 전부터 그 인물을 찾으려고 무척 애를 쓰

서산 대사 초상

다가 드디어 오늘 대사의 가르침에 따라 존장께서 바로 그 어른이심을 알고 동자를 시켜 모셔 오게 하였습니다."

이 말을 들은 김창시는 허황한 이야기임은 알았으나 우선 다리도 쉴 겸 해서 초막에 들어갔다. 그리하여 날이 저물도록 담론한 김창시는 결국 의기가 투합 되어 홍경래를 돕기로 하였다.

이로써 세 사람의 동지를 얻은 홍경래는 힘이 백배하였다. 그러면서도 그는 장차 온 나라를 움직일 큰 전략을 짜야했기에 삼천리 방방곡곡의 지형과 인심을 두루 답사하고 다녔다. 북쪽은 물론 남쪽으로 부산釜山까지 찾아다녔다.

홍경래는 자신의 집념을 끈기 있게 추진하면서 또한 뛰어난 시

재詩才로 처처에서 명시名詩를 읊었다. 함경도의 마천령魔天嶺 고개를 넘을 때는 잠시 정상에 올라 쉬면서 아래를 굽어보며 이렇게 읊었다.

魔天嶺上拔雲坐 마천령상발운좌
萬壑千峰次第朝 만학천봉차제조

마천령 위에 구름을 빼어 올라앉으니
만 골짜기와 천 봉우리가 차례로 조회朝會를 드리도다.

대담하고 웅장한 포부의 시구였다. 또 어떤 절경에 가서는 기막힌 표현으로 다음과 같이 묘파描破하였다.

水難窄石石頭廻 수난착석석두회
跳江欲山江頭立 도강욕산강두립

물은 돌을 뚫기가 어려워 돌 머리를 돌고
강을 뛰어넘으려는 산이 강 머리에 우뚝 섰다.

홍경래는 이렇게 편력하면서 자신의 신화를 창조하는 방랑을 계속하였다. 그러면서 초야에 묻힌 뜻 있는 이들을 찾아 혁명가로서의 입김을 불어넣었다.

곽산의 홍이팔洪二八은 남의 집 머슴살이를 하는 거한으로 서른이 넘도록 장가를 못 가서 홍 총각으로 통했다. 그는 보통 장정의 세 배 몫을 먹고 일은 세 사람 분을 하는 위인이었다. 그러나 힘과 심술은 남의 30곱절은 되었다. 홍이팔은 말술을 단숨에 들이키는데 한번 심술만 났다 하면 누구도 감히 맞을 장사가 없었고 주인도 꼼짝을 못했다. 곽산의 어느 주막에 들른 홍경래는 마침 홍이팔을 만났다. 술 한 잔 주라는 홍경래의 말에도 주모는 홍 총각 옆에 앉아 술을 따르며 일어서지를 않았다. 홍경래가 잠시 기다리다가 꾸짖자 홍이팔이 술잔을 입에서 떼며 흘겨보더니 퉁명스럽게 쏘아붙였다. 자신이 다 마실 때까지 기다리든지 못 참겠거든 다른 주막으로 가라는 것이었다. 둘 사이에 몇 마디 말이 오가는가 싶더니 성질 급한 홍이팔이 비호같이 달려들어 홍경래의 머리를 후려쳤다. 그러나 그 주먹은 맞은 편 흙벽을 무너뜨렸고, 홍경래는 번개같이 피해 일어섰다. 홍이팔은 더욱 화가 나서 홍경래를 마구 치려했으나 홍경래는 어렵지 않게 피하며 한마디 던졌다.

"술 파는 집이 아니고 주먹 파는 집이로군. 그것도 외상으로…."

하며 표연히 주막을 나서는 홍경래의 뒤를 홍이팔이 성난 황소같이 씨근거리며 쫓았으나 그저 걸어가는 듯한 홍경래의 걸음이 어찌나 빠른지 아무리 줄달음질을 쳐도 잡히지 않을 뿐 아니라 오히려 둘의 사이가 점점 벌어질 뿐이었다.

홍경래는 키가 크지 않아 곰 같은 홍이팔에 비하면 한주먹거리도 안 될 것 같은데 홍이팔이 기를 쓰고 뛰어도 그저 슬슬 걷는 듯한 홍경래를 잡을 수가 없었다.

어지간히 홍이팔의 숨이 차서 헐떡거릴 때에야 홍경래는 사람이 없는 호젓한 곳에서 몸을 홱 돌리더니 홍이팔의 손을 덥석 잡으며 악수를 청했다.

홍이팔은 그만 비명을 질렀다. 잡힌 손이 으스러지는 것 같았기 때문이었다. 이로부터 홍이팔은 홍경래의 오른팔이 되었다. 홍이팔은 힘만 세고 행패만 사나왔지 무예는 몰랐기에 홍경래는 그에게 무예를 가르쳤다. 처음에는 홍경래가 회초리 같은 막대기 하나만 가져도 칼로써 당하지 못하고 떼굴떼굴 구르던 홍이팔이었으나 이윽고 그의 좋은 용력으로 훌륭한 무예를 길렀다.

또 개천价川 고을의 이제초李濟初라는 사람은 어려서 깊은 산에

『개천군읍지』에 실린 개천군

들어가 힘이 세어진다는 물을 마시고 나와서 굉장한 역사力士가 되었다는 설이 돌 정도로 대단했다. 사람들은 그를 이 장군이라고 불렀는데 정월에 부락이 편을 갈라서 줄다리기를 할 때면 이제초가 이편으로 가서 당기면 이편이 이기고, 저편으로 가서 당기면 저편이 이길 만큼 힘이 세었다. 그는 씨름도 잘해서 황소를 한 번도 놓쳐 본 일이 없는 장사였다.

홍경래는 이제초도 어느새 포섭하여 무예를 가르치고 자신의 부하로 만들었다.

태천 사람 김사용은 용맹으로도 홍이팔과 이제초에 지지 않는 지략을 겸비한 위인으로서 관서 지방에서 널리 알려져 있었다. 김사용은 우군칙의 친구였는데 처음에는 그들의 말을 듣지 않다가 나중에는 홍경래의 명망이 나날이 높아 가므로 마침내 이 무리에 참가하였다.

이처럼 호걸들이 모여 들자 그 다음부터는 관서 일대의 뼈골이나 있다는 사람들이 스스로 찾아 들었다. 더욱이 홍경래는 다복동에 큰 금광이 있다는 소문을 퍼뜨렸는데 관가에서는 거부 이희저가 하는 일이라는 말에 아무런 의심도 하지 않았다.

이처럼 홍경래는 당시 향촌에서 부를 축적하여 하층 지배자로 진출한 계층과 황해도와 평안도 일대의 사상인에게 접근하였다. 또한 관로가 막혀 현실에 불만을 품고 있던 양반 지식층 김창시를 비롯, 이희저를 이용하여 부상대고들의 후원을 받도록 하였다. 정주성定州城의 거부 이침李琛과 김석하金石河, 안주의 상인 나대곤羅大坤, 송상 박광유朴光有와 홍용서洪龍瑞 등이 대표적인 인물들이다. 또 장수의 발굴에도 주력하여 홍이팔, 가난한 평민 이제초 그리고 지략과 무용을 겸비한 김사용과 함께 가산 다복동을 근거지로 하여 인재와 비용을 준비한 것이다.

홍경래의 난은 자그마치 10년의 준비 기간을 거쳐 일어났다. 이 난은 1811년(순조 11) 12월 홍경래, 우군칙, 김사용, 김창시 등이 중심이 되어 일으킨 대규모 농민 반란으로 이듬해 4월까지 약 5개월간에 걸쳐 일어났다.

사회가 변화하면서 계층의 다변화뿐만 아니라 이 과정에서 빈

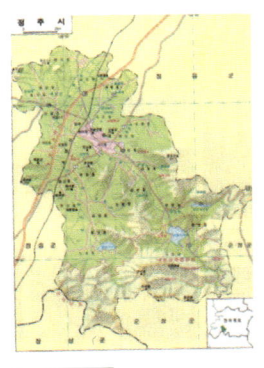
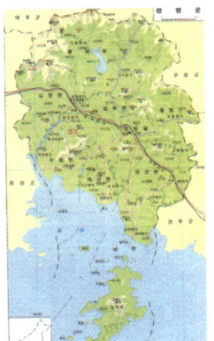

정주시 지도　　　　선천군 지도

농 등 소외 계층으로 전락한 이들은 권력을 가진 자들의 횡포에 휘둘리는 등 혼돈의 시대였다. 이때 새로이 성장한 향무 중의 부호와 부농, 서민 지주층과 사상인층의 물력物力 및 조직력의 결합, 몰락 양반과 유랑 지식인들의『정감록』등에 대한 이념 제공 등이 10여 년간 축적되며 준비되었던 조직적 반란이 홍경래의 난이다.

봉기군은 남진군과 북진군으로 나뉘어 거병한 지 열흘 만에 관군의 별다른 저항도 받지 않고 가산, 곽산, 정주, 선천, 철산鐵山 등 청천강 이북 10여 개 지역을 점령하였다. 이것은 특히 각지 내응 세력들의 적극적인 호응 속에서 이루어졌는데 내응 세력은 주로 좌수, 별감, 풍헌風憲 등 향임鄕任과 별장別將, 천총千摠, 파총把摠, 별무사別武士 등 무임武任 중의 부호들이었다. 이들은 부농이나 사상인들로 대부분이 돈으로 향임의 자리를 얻은 계층이었다.

고통 받던 백성들이 봉기하다

앞서 밝혔듯 해마다 계속된 천재지변은 1811년에 이르러서도 계속 되어 비 한 방울 내리지 않고 가뭄이 심해서 땅만 파서는 먹고 살 수가 없는 지경이었다. 곡산의 폭동이 잠잠히 수그러들 무렵 살길을 찾던 사람들은 금광을 한다는 가산 고을 다복동으로 모여 들었다. 평안도나 황해도의 힘깨나 쓰는 장정들이 모여 든 것이다.

그밖에도 가산의 윤언섭尹彦涉, 곽산의 박성신朴星臣, 정주의 최이륜崔爾崙 · 이침 · 김이대金履大, 선천의 유문제劉文濟와 최봉관崔鳳寬, 안주의 양수호楊秀浩, 철산의 정복일鄭復一 · 정경행鄭敬行 · 정성한鄭聖翰, 개천의 이하유李夏有, 태천의 변대익邊大益, 박천의 한일항韓日恒과 김혜길金惠吉, 영변의 김우악金宇岳 · 남연강

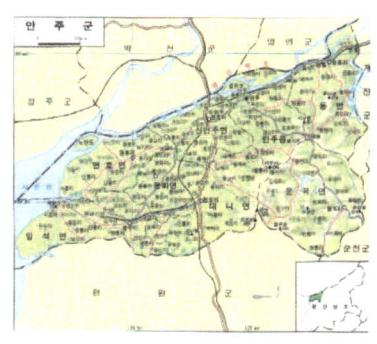

안주군 지도

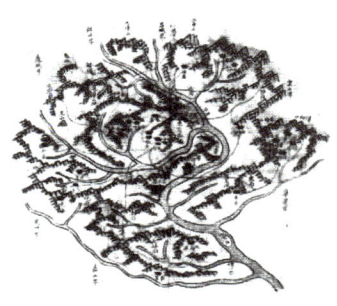

『태천군읍지』에 실린 태천

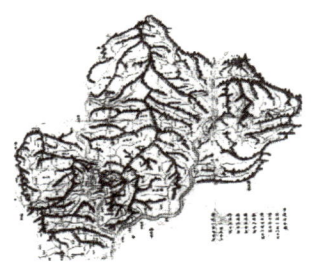

영변 지도

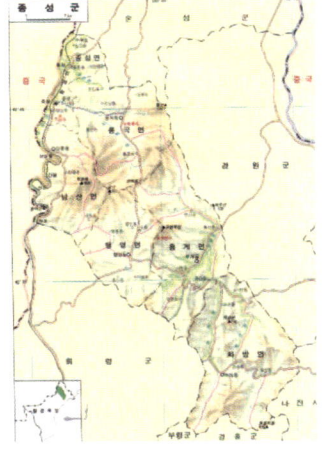

종성군 지도

南燕剛 · 김운룡金雲龍 등의 장사들을 포섭하여 유다를 맺었다.

한편 한양에서는 이해 여름에 모두먹기 떼의 횡포가 극에 달하였으나 이들은 잡고 보면 모두가 도적이 아니라 기민飢民이었기에 포도청에서는 속수무책이었다.

홍경래가 10년에 걸쳐 북으로는 함경도의 끝 회령과 종성鍾城에서부터 남으로는 부산에 이르기까지 전국을 편답하며 때때로 이인異人, 도사, 술사로 둔갑하면서 퍼뜨린 예언과 비설秘說은 계속 신비를 지닌 채 돌고 있었다. 시국의 혼란과 관리의 부패와 포학, 연이은 흉년으로 지친 백성들은 이 예언이 맞아 새 세상이 오기만을 기다리고 믿는 바가 되었다.

다복동 이희저의 집은 어느 사이 홍경래 무리의 본영이 되었고 금을 판다고 빙자하여 깊은 산속에 만든 무술 연마장에서는 매일

같이 군사 훈련에 여념이 없었다.

그리고 홍경래는 다시 그 해 9월 고향인 용강의 꽃장골에 나타났다. 10년 만에 그가 나타났으므로 마을 사람들이 모여 들었고 홍경래는 자기 집 소를 잡아서 큰 잔치를 열었다. 이해는 지독한 흉년이어서 모두가 죽는다고 야단이었으나 그래도 홍경래의 집 전장田庄은 상당히 많아서 논밭에 그런 대로 곡식이 있었건만 사촌과 육촌더러 거두어 먹으라 하고는 땅과 집을 헐값으로 팔아 버렸다. 그리고는 노모와 처자를 거느리고 길을 뜨는 것이었다. 그런 홍경래를 이해하지 못하는 동네 사람들은 쑤군거리며 전송하였다.

"선천의 일월봉日月峰 아래에서는 예로부터 성인이 나시어 나라를 구원할 것이다. 그런데 지금 그 성인이 나왔다 한다. 명년 정초가 되면 세상이 바뀌어 살기 좋은 날이 도래한다고 한다."

홍경래가 마을에 남기고 간 말은 다만 아리송한 예언뿐이었고 행방도 밝히지 않았다.

다복동은 가산과 박천 두 군 사이에 있는 요지로서 그리 크지는 않으나 사방에 울창한 삼림이 우거진 산이 있어서 밖에서는 쉽사리 그 속을 염탐할 수 없는 비경秘境이었다. 산 너머 한 옆으로는 한양과 의주로 통하는 큰 길이 있고 앞으로는 대령강大寧江

평안북도 의주군 의주읍으 남문으로 일명 장변루,
내훈루라고도 한다

이 흘러서 수륙의 교통이 두루 좋았다.

홍경래는 전국을 널리 답사하였지만 이보다 더 좋은 곳이 없었
다. 이곳은 가산, 박천, 태천, 곽산, 정주, 선천, 철산, 영변, 안주 등
여러 고을의 세력을 일시에 규합할 수 있는 곳이었으며 북으로 의
주, 남으로는 한양을 향해 양군을 진격시킬 수가 있었다. 그리고
군사 훈련은 물론 무기의 제조와 군량을 수송하고 저장함에 있어

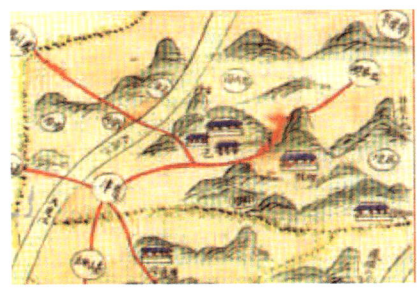

『박천군읍지』에 실린 박천

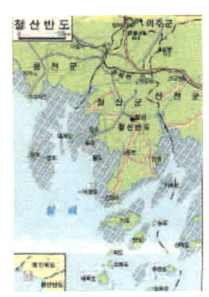

철산반도 지도

남의 눈을 피해 그 비밀을 가급적 오래 지킬 수가 있는 곳이었다.

홍경래가 집을 다녀온 이후 이 본거지는 더욱 활기를 띠었다. 산속 대장간에서는 밤낮으로 무기를 만드는 풀무질이었고 시뻘건 쇠를 두드리는 소리였다. 여인들은 군복과 기치를 만들기에 손이 바빴다.

홍경래는 드디어 그동안 10년에 걸쳐 각 지방에 만들어 놓은 심복 책임자들을 소집하는 한편 군사 훈련을 맹렬히 하니 이윽고 그 무리가 2천에 이르러 위세를 떨치게 되었다.

일변 홍경래는 각처에 조직을 통해 유언비어를 퍼뜨렸다.

"30년 전 선천 검산劍山 속 일월봉 밑 군왕포君王浦에서 이인 異人이 나왔는데, 그가 이제 나라를 구하여 바로잡는단다."

이곳에서는 전부터 성현이 출현한다는 참설이 내려오고 있었는데 홍경래는 그것을 이용하기로 한 것이다. 그 말은 점점 전국으로 퍼져 갔다.

그러한 늦가을의 어느 날 홍경래는 비밀리에 소집한 각처의 우두머리들을 다복동 앞을 흐르는 대령강 가운데의 섬인 신도薪島로 모이게 하였다. 그곳은 이목을 피할 수 있는 아늑한 곳이었다. 거기에는 다복동의 참모진을 비롯하여 가산, 박천, 태천, 곽산, 정주, 선천, 철산, 영변, 안주, 구성龜城, 용천龍川, 삭주朔州, 강계

미친 나비 날아가다
84

대동여지도, 용천군

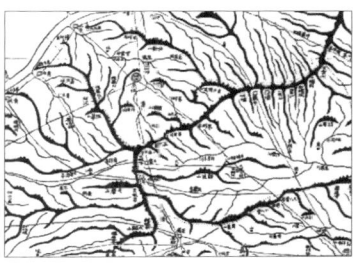

대동여지도, 삭주군

등지의 내응 동지들 거의가 다
모였다. 먼저 가산을 다 털어 바
친 이희저가 자금책으로서 입을
열었다.

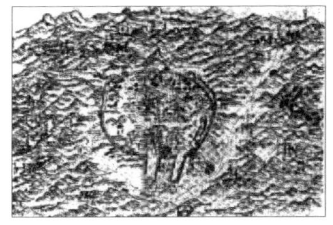

『구성군읍지』에 실린 구성군

　"우리들은 나라의 어지러운
정치를 바로잡고자 일어난 충의의 사람들이오. 우리는 우선 정식
으로 대장군을 선출한 다음에 그 대장군의 명령어 절대 복종해야
할 것입니다. 오합지졸이 되지 않으려면 한 사람의 대장군이 있
어야 합니다."

　이희저의 말에 모두 동의하였고 만장일치로 홍경래가 대원수
大元帥로 추대되었다. 어느덧 홍경래는 선천의 검산 속 일월봉 아
래 군왕포에서 대원수가 되었다. 대원수로 추대된 홍경래는 미리
높이 쌓아 놓은 단 위에 올라서며 사방에 절을 ㅎ-고 천지신명의

특별한 가호를 구하였다.

"황천후토皇天后土여, 천지신명이여! 이제 우리는 구국의 대사를 의논하기 위해서 모였습니다. 우리들의 의거를 굽어 살피소서. 우리들은 도탄에 든 백성을 구하고자 분연히 일어났나이다. 우리로 하여금 어지러운 이 나라가 구출되고 민생이 구원되도록 인도해 주소서."

이어서 그들은 제물로 돼지를 잡아 그 피를 서로 마시며 맹세하고 본격적인 회의를 열었다. 먼저 제기된 의안은 기병起兵의 시기였다. 홍경래와 이희저, 김창시, 우군칙 등은 임신壬申년인 1812년(순조 12) 정초로 기병일을 잡았다. 그러나 홍이팔과 이제초 등이 반대하였다. 그때까지는 두 달이나 남았는데 아무리 비밀을 지킨다 해도 장병의 훈련과 무기 수송, 가족들의 왕래로 인해 비밀이 새어 나갈 수밖에 없다는 것이 이유였다. 그들은 사람이 많이 모였는데 일이 탄로 나면 제대로 싸움도 못해보고 결딴이 난다며 더 이상 시간을 끌지 말고 즉시 거사할 것을 주장하였다.

거사일을 언제로 정할 것인지의 문제로 농민 출신과 양반 사이에 공기가 험악해지기도 했으나 결국 이 문제는 표결에 붙여 다수가 찬성하는 것을 택한 끝에 정월 기병으로 결정되었다.

그리하여

첫째, 기군起軍은 임신년 정월에 한다.

둘째, 그때까지 군량과 군기를 충분히 모으고 군병을 더 모집하여 훈련시키며, 각처의 비밀 동지와 긴밀한 연락을 취한다.

셋째, 비밀을 죽음으로써 고수하고 동지들 간의 단결을 공고히 한다.

로 임신 기병이 결정되자 김창시는 홍경래의 명을 받고 임신 기병의 운명적 사실을 참설로 퍼뜨렸다.

"일사횡관一士橫冠하니 귀신탈의鬼神脫衣하고, 십필가일척十疋加一尺하니 소구유양족小丘有兩足이라."

그대로 풀이하면 한 선비가 관을 가로 쓰니 귀신이 옷을 벗고 필에다 한 자를 더하니 작은 언덕에 발목이 둘 있다는 말로 그것은 파자破字한 『정감록』이었다. 일사횡관은 '임壬' 자를 파자한 것이고, 귀신 탈의는 '귀신신神' 자가 옷을 벗었으니 '납신申' 자를 말하는 것이다. 그 다음 십필가일척의 '십필十疋'은 '주走' 자가 되고 거기에 '척尺' 자를 가하면 '일어날기起' 자도 합자를 할 수가 있다. 그 다음 소구유양족은 작은 언덕을 뜻하는 '구丘' 자에 발이 두 개 있으니 '병兵' 자가 되어 붙여서 네 자를 읽어 보면 '임신기병壬申起兵'이 된다. 이는 임신년에 군사를 일으킨다는 말이 되는 것이다. 이 말은 지칠 대로 지친 백성들 사이에 급속히 퍼지며 정녕 세상을 바로잡을 난리가 나는 것이냐며 기대를 불러일으키는 등 참설의 위세는 대단하였다.

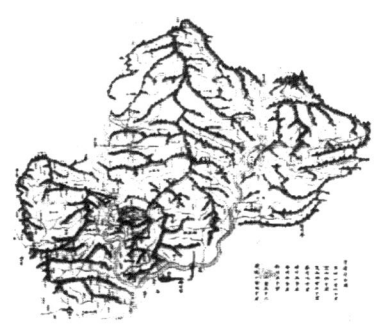

영변부전도

밖에서 풍설이 이처럼 무르익어 가는 시각에 본영인 다복동에는 각처의 동지들이 보내는 군량과 군기가 계속 밀려들었다. 선천의 유문제와 최봉관은 총칼과 창을 위장하여 광산 도구라고 보내왔고, 정주의 정진교鄭振喬는 탄환과 화약을, 철산의 정복일鄭福一은 여러 가지 깃발을, 의주의 여러 동지들은 군복과 비단을 육로와 수로로 보내왔다. 평안도 일대 모두가 단결되어 있었다.

선천의 계형대桂亨大는 쌀 1백여 석을 배로 보내고, 곽산의 박성간朴聖幹은 돈 5백 냥과 쌀 15섬을 보내고, 영변의 남명강南明剛과 김우학金遇鶴은 돈 2천 냥과 말안장을 보내왔다. 이 밖에도 수많은 군수품이 밀어닥치므로 다복동 난군의 기세는 충천하였다.

그러나 광산을 판다는 다복동의 기세가 이와 같이 법석을 부리자 관아에서도 눈치를 채게 되었다. 이리하여 홍경래는 부득이 거사를 앞당겨 1811년 12월 20일로 하기로 하고 이 뜻을 각처에 전달

하게 하였다. 거사일을 섣달 스무날 새벽 축시丑時로 정하고 관아
에서 눈치를 챘으니 한 발 앞서 평양을 먼저 치기로 결정하였다.

평양은 관서 제일의 중심지이며 난공불락의 요새였다. 거기를
불시에 공격하여 먼저 주의를 그곳에 집중시켜 놓고 이곳에서 기
병하자는 것이었다.

대동관大同館은 관서 제일의 객관客館으로 13일 자정을 기해서
폭약으로 폭파하고 대화재를 일으키면 불을 끄려고 집중해 올 것
이므로 그 틈을 타서 감사와 관속들을 처치하고 기세를 울리면
각 고을의 관군은 모조리 평양을 구한다고 몰려 갈 것이라는 계
책을 세웠다. 계획은 면밀히 진행되었다.

그해 12월 14일 아침 진시辰時경, 평안 감사 이만수가 느직한
조반상을 들고 있을 때였다. 대동관에서 천지를 진동하는 폭음이
울림과 함께 화염이 솟아올랐다. 그러나 때가 이미 백주에 가까
웠으므로 삽시간에 아전배며 군사들이 모여 들어 불길은 곧 잡혔
다. 이만수가 현장에 나가보니 대동관에는 다음과 같은 시詩 한
수가 걸려 있었다.

我過鴨綠江十日到平壤 아과압록강십일도평양
朝鮮此西京箕子有遺響 조선차서경기자유유향

城南臨浿水亭臺足幽賞 성남임패수정대족유상

快哉時一登餘者歸旨掌 쾌재시일등여자귀지장

내 압록강을 거쳐 10일에 평양에 당도하니

이곳이 조선의 서경,

기자성 남쪽에 패수가 임하고

정자는 정취 그윽하도다.

높이 올라 쾌재를 부르고 못 다한 정은 손끝에 돌려 적노라.

　그런데 화재의 근원을 캐어 보니 대동관 옆 당가唐家가 있는 쪽에서 폭발이 일어나고 당가와 함께 대동관이 불에 탔다는 것이었다. 당가란 법당의 불좌佛座 위에 만들어 다는 조그만 집이었다. 감사는 곧 당가의 주인을 불러오게 하여 다그쳐 보았으나 화재의 원인은 알 길이 없었다.

　우선 평안 감사 이만수는 조정에 장계를 올려 원인을 알 수 없는 방화로 대동관이 상당히 탔다는 것을 보고하였다.

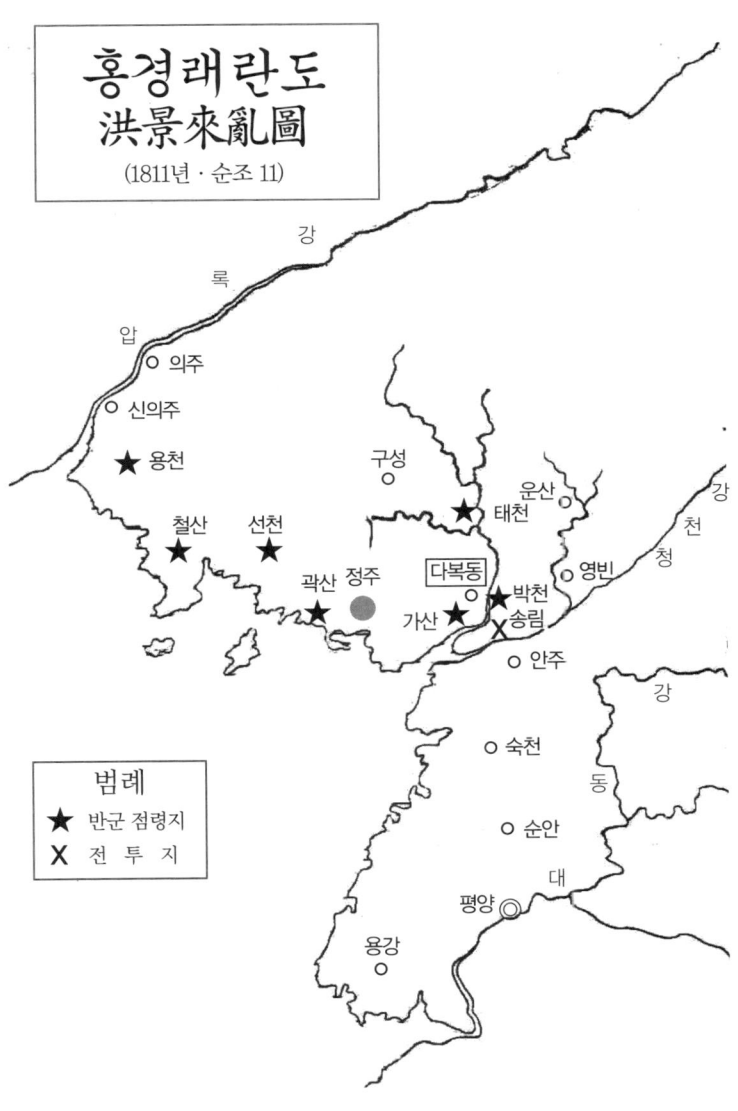

뜻대로 이루어지지 않는 거사 계획

그런데 다음날 방화범 하나가 평양성을 빠져 나가다가 잡혔다. 물샐 틈 없는 경계망을 편 끝에 잡은 범인은 바로 일월봉 아래에서 난 신장神將 홍 아무개의 부하라는 것이었다. 관아에서는 홍 아무개의 이름을 알기 위해 범인에게 갖은 고문을 가했으나 그는 제 이름조차 대지 않았다.

한양에는 벌써 서북 쪽에서 신장이 나타나 한양 장안이 쑥밭이 된다는 소식이 널리 퍼지며 한양 장안의 백성들은 사대문으로 줄줄이 빠져 피난을 가기에 정신이 없었다.

조정에서는 깜짝 놀라 영돈령부사 김조순이 금위대장禁衛大將이 되어 백성들의 피난길을 막고 민심을 안정시키느라 진땀을 빼기에 이르렀고 말로써 듣지 않으면 4대문으로 나가는 자의 목을 베라는 명을 내리기까지 하였다.

한편 홍경래로서도 이 일은 낭패였다. 섣달 열 사흗날 밤의 평양 거사가 완전 실패로 돌아갔기 때문이었다. 평양 거사는 그 목적이 관가의 다복동에 대한 관심을 평양 쪽으로 돌리고 일변 평양을 뒤집어서 진격의 서곡을 장식하는 것이 계획이었다. 그래서 평양으로 보낸 비밀 군졸들로 하여금 현지의 동지들과 협조하여 13일 자정을 기해 감영의 객사인 대동관에 불을 지르고 감사 이하

관리들을 격살하게 하여 일대를 파랗게 떨게 만들자는 것이었다.

그런데 어찌 된 일인지 가장 추워야 할 섣달 중순의 땅은 활짝 풀려서 대동관 밑에 미리 파묻어 두었던 화약통과 심지가 눈이 녹아 스며든 물에 젖고 말았고 도화선의 불은 제대로 인화가 되지 않았다. 밤중 자정에 꼭 터지리라고 이제나 저제나 하고 만반으로 준비하고 기다렸으나 끝내 그 밤에는 터지지 않고 다음날 진시辰時가 다 되어서야 터지는 바람에 야음을 틈타려던 방화와 격살 계획은 실패하고 동지들은 각기 도망쳐서 다복동으로 돌아온 것이다. 그런데 그중에 하나가 잡혀서 대강의 비밀이 탄로나게 되었으니 낭패였다.

이윽고 홍경래에게 평안 감사 이만수가 가산 군수 정시로 하여금 19일에 다복동의 소굴을 치러 나오도록 했다는 정보가 들어왔다. 그런가 하면 17일에는 홍경래의 비밀 동지이고 총, 칼, 창 등의 무기를 보냈던 최봉관이 선천에서 붙잡혔다. 그때의 선천 부사는 유명한 방랑 시인 김삿갓의 조부 김익순이었다. 김익순은 세도 명문 안동 김씨로서 그 바람을 타고 이렇듯 큰 고을인 선천 부사로 와서 가렴주구에 여념이 없었다.

관가에서는 최봉관을 매우 심하게 문초하였고 그는 매에 못 이겨 철산의 정복일과 곽산의 김창시, 박성신의 이름을 대고 말았다. 선천 부사 김익순이 곧 곽산과 철산에 연락하였다. 철산의 정복일은 미리 피해 없었으나 곽산에서는 김창시의 부친과 박성신이 잡히게 되었고 김창시는 겨우 도망하여 다복동으로 왔다.

그리고 같은 17일 밤에는 박천에서 홍경래의 군졸 하나가 잡혔는데 이 군졸은 홍경래와 이희저의 정체를 폭로하고 말았다. 그리하여 18일 아침에는 가산 군수 정시가 군사를 이끌고 이희저의 집을 포위하였다. 그러나 원체 기민하게 연결되어 있던 지하 연락망과 사전에 방비를 하고 있던 이희저의 가족은 무사히 탈출하여 다복동으로 들어올 수가 있었다.

이와 같이 모든 비밀이 꼬리를 물고 터지니 더 지체할 수가 없었다. 그리고 이제 이희저의 가족을 놓친 정시가 바로 뒤쫓아 다복동으로 올 것이 틀림없었다.

그리하여 바로 그 날, 섣달 18일을 기하여 홍경래는 비상조치를 취하고 황혼 무렵에는 출동을 위한 준비를 마치고 우선 지휘부를 편성하였다. 평서 대원수는 홍경래 자신이고, 부원수로 김사용, 총참모에 우군칙, 참모에 김창시, 선봉장 홍이팔, 부선봉장 이제초, 후군장後軍將 윤후험尹厚險, 도총都總 이희저였다.

이에 대해 무식하고 혈기뿐인 홍이팔에게 선봉장의 중임을 맡겼다고 하여 우군칙과 김창시가 불평하였으나 이들 사이에는 이

10년의 준비를 거쳐 시작된 홍경래의 난

전부터 반목이 있어 왔으므로 홍경래는 이를 누르고 밀고 나갔다.

부대 진용을 끝낸 다음 홍경래는 단 위에 올라가 대원수의 복장으로 하늘에 기원하고 나서 이윽고 참모 김창시로 하여금 미리 준비한 격문을 낭독케 하였다.

"관서 지방은 옛날 단군 성조가 도읍하시던 곳이고 기자箕子의 고역古域으로서 천하에 이름을 떨치어 예부터 빛이 났었도다. 저 임진왜란 때에 관서의 군사들이 일어나 나라를 흥복하였고 정묘호란 때는 정봉수鄭鳳壽가 충성을 다하여 이 나라를 구해 그 공이 컸는데도 불구하고 오늘날 조정에서는 우리 관서 사람을 평한平漢이라고 멸시하며 차별하고 있도다. 선우 협鮮于浹, 홍경우洪敬禹

등의 학자가 나와도 조정에서는 돌보지 않고 버렸으며 심지어 권문가의 종들까지도 우리 관서 사람을 평안도 놈이라고 부르니, 국가가 위급할 때는 우리의 힘을 빌면서 우리들을 학대함이 이와 같다. 보아라!

박종경 인장

지금 국왕은 어리고 권세를 탐하는 무리들이 궁중에 충만하여 득세하고 있다. 왕실의 척촉임을 기화로 저 김조순, 박종경의 무리가 국권을 농간하여 국사는 어지럽고 백성은 도탄에 빠져서 헤어날 수 없는 지경에 이르렀으며, 그러므로 근년에 천재지변이 계속 일어나고 있어서 이 나라가 정녕 망하여 없어질 위험에 놓이게 되었다. 이러한 때에 다행히 제세濟世의 성인이 선천의 검산 일월봉하 군왕포에서 나시어 홍의도紅衣島에서 자라시고, 일찍 중국에 들어가 도술을 닦아 이제 비로소 나타나셨다. 이에 황명皇明의 유신遺臣들이 철기鐵騎 10만을 일으켜 드디어 동국東國을 맑게 하고자 한다. 그러나 서북 땅은 고향이라 차마 병마로 함부로 짓밟게 할 수가 없노라. 서북의 우리들이 이제 만백성을 구하고자 하니 각 지방의 장은 필히 성문을 열고 우리의 의로운 군사를 맞을지어다. 의군의 깃발이 이르는 곳마다 모두 명령을 들어 순종하되, 저항하는 자는 철기 앞에 그 씨가 남지 않을 것이로다.”

격문을 낭독한 다음 홍경래는 이를 진군 중에 엄격히 시행할 것을 명령하였다. 그리고 군대 출동 의식으로 행주行酒를 하니 그들의 기세는 하늘을 찌를 듯 드높았다.

이윽고 출동이 시작되었다. 이들이 제일 먼저 나가면서 공격할 곳은 가산읍이었다. 홍경래는 먼저 선봉장 홍이팔로 하여금 정예 50명을 거느리고 가산으로 나아가라 하였다. 이에 홍이팔은 먼저 부하 50명을 데리고 나는 듯이 달려갔고 뒤이어 대원수 홍경래 이하 본군이 바람에 깃발을 날리며 진군하였다. 이것을 나와 구경하는 다복동의 남녀노소들은 박수를 치며 환호하였다.

홍이팔이 단숨에 가산읍에 도착하자 관속들은 벌써 소식을 들었는지 도망을 치고 없었고 군수 정시만이 아무것도 모른 채 버티고 있었다. 구척장신의 선봉장 홍이팔이 동헌으로 들어섰다. 정시가 소리소리 지르며 관속들을 불러도 기척이 없으므로 허겁지겁 내아로 도망쳐 들어갔다. 붙잡힌 정시는 항복할 것을 명하는 홍이팔에게 굴복하지 않고 “나라의 관장이 도적에게 일시나마 항복했다가 살아나는 자가 없었다”하며 꿋꿋이 버텼다. 홍이팔은 한 칼에 정시의 목을 잘라 버렸고 정시는 반군의 최초 희생자가 되었다.

이어 뒷방에 있던 관기 연홍蓮紅은 정시의 동생을 사랑하여 그를 탈출시키려고 하다가 노한 반군의 칼에 죽임을 당하였으며 정시의 아버지 정노鄭魯를 비롯한 가족들은 몰살당하였다. 정시의 동생은 관기 연홍이 죽는 틈을 타서 도망하여 난을 면하였다. 반군은 격문에 말한 대로 행동했던 것이다.

후일 조정에서는 가산 군수 정시에게 병조판서를 추증하였고 관棺을 하사하였다. 관찰사의 진상 보고를 다시 접한 순조는 그 충렬을 찬탄하고 병조판서 겸 지의금부사, 오위도총부도총관을 가증加贈하였다. 그리고 정시의 동생과 관기 연홍에게 관직과 상품을 내리고 연홍에게 의기義妓를 이름 붙였다.

그리고 연홍에게 1813년(순조 13) 왕명으로 정주성 남쪽에 사당을 세워 당시 싸우다 죽은 6명과 함께 제사를 지내도록 하니, 이를 칠의사七義士라 한다. 정주 사람들도 오봉산五峰山 밑에 사당을 세워 칠의사를 모셨는데, 왕은 표절表節이라는 현판을 내렸다.

대원수 홍경래가 가산에 들어오니 이미 모두 평정되어 있었다. 홍경래는 일단 막료를 소집하여 군기를 정돈하고 앞으로의 계획을 의논하였다.

여기서 홍경래는 군복의 제도를 마련해서 복색은 푸른빛으로 하고 붉은 천을 가슴과 등에 붙여서 호의號衣를 구별케 했다. 그리고 지휘자는 전립戰笠과 호피관虎皮冠을 쓰고 병졸은 홍건紅巾을 쓰게 하였다.

또한 2천 병력의 큰 군사가 한꺼번에 몰려다닐 필요가 없으므로 두 길로 나누기로 하였다. 선봉장 홍이팔과 이제초는 북쪽으로 가서 북군과 협력하여 정주를 치게 하고, 홍경래 자신은 동으로 가서 박천을 치기로 하였다. 북군은 부원수 김사용이 인솔하여 곽산을 근거지로 삼게 되었다. 다음은 점령지의 관리 문제였는데 점령지에는 새로운 행정을 펴기로 하여 우선 가산의 주관장主管將을 임명하였다. 주관장은 군수를 대신하여 가산 고을을 다스리는 군정관軍政官인 셈으로 주관장으로는 가산의 유지이자 반군에 비밀히 협조해 온 윤언섭을 지명하였다.

그런데 곽산을 근거로 일어나게 된 북군의 형서가 여의치가 않았다. 처음 20일에 기병할 것을 결정했을 때에 부원수 김사용을 북군의 책임자로 임명하고, 그 예하 장졸들은 모두 행상, 걸인, 붓 장수, 승려 등으로 변복하고 뿔뿔이 헤어져서 곽산 근교에 집결하게 되어 있었다.

김사용은 아장 김희련金禧鍊, 김국범金國範, 이성항李成沆, 한처곤韓處坤 등을 거느리고 8일 정오쯤 해서 곽산에 도착했는데 이때는 선천 부사 김익순이 반군의 별장인 최봉관을 심문하여 김창시와 박성신이 반군임을 알게 된 이후였다. 이에 곧 포교를 곽산에 파견하여 곽산의 관군과 함께 김창시의 아버지와 박성신을 끌고 금방 곽산을 떠났다는 소식을 들은 것이었다.

이것은 20일을 기하여 봉기하기로 되어 있던 계획에 영향을 끼치는 것으로 북군에게 치명적인 타격이었다. 박성신은 곽산의 유지일 뿐 아니라 그의 형 박성간朴星幹은 곽산의 제일가는 부자였다. 애초에 북군의 근거지를 곽산으로 정한 것도 이들 박씨 형제의 힘을 믿었던 것인데 이 커다란 기대가 뒤집히고 말았다.

김사용은 정보를 받자 날랜 부하 몇을 직접 진두지휘하여 곽산에서 선천으로 가는 길목을 지켜며 박성신 등을 구하려 하였다. 신현薪峴 고개에 도착한 일행은 시간으로 보아 아직 그곳을 지나지는 못했을 것이라고 짐작하고 끈기 있게 매복하고 기다렸다.

한참 있으니 과연 멀리서 박성신과 김창시의 아버지를 꽁꽁 묶어서 데리고 오는 포교 일행이 보였다. 포교들은 마음 놓고 고개로 올라오고 있었는데 날씨도 추운지라 도중에서 술도 한 잔씩 마신 모양이었다.

김사용은 그들이 조금 지나갔을 때 신호를 하여 치게 하였다. 눈 깜짝할 순간에 포교들은 모조리 쓰러졌고 무사히 동지들을 구해낸 부원수 김사용은 곧 일행을 거느리고 곽산 북쪽에 있는 연

무장演武場에 몸을 숨기고 몰래 사람을 보내서 탁성신의 형 박성간을 불러냈다.

본래의 거사일은 20일이었지만 동지들이 이렇듯 계속 체포되니 더 기다리지 않고 거사하고자 형편을 물어보기 위해서였다. 김사용의 물음에 박성간은 이미 비밀 동지들이 중헌을 둘러싸고 원을 고립시켜 놓았으니 언제든지 거사할 수 있다고 자신 있게 대답하였다.

문제는 대원수 홍경래의 거사 명령이 20일이라는 것이었다. 그러나 김사용은 비상사태에 임하여 자신에게 임기응변의 특권이 있다며 그날 저녁 관아를 들이칠 것을 결정하였다. 이와 같은 연락이 취해지자 장병들은 하나씩 둘씩 변장하고 곽산읍으로 잠입하였다. 그리하여 날이 어둡기만 하면 동헌으로 일제히 쳐들어 갈 참이다.

곽산 군수 이영식李永植은 제법 문무를 겸한 인물이기는 했으나 술을 너무 좋아하였다. 평시에도 술에 취하지 않는 날이 없었고, 또 술을 좋아하는 줄 아는지라 여색도 퍽이나 밝혔다. 그래서 이날은 반군의 비밀 요원들이 동헌의 비장裨將을 통해서 고을의 좋은 술 한 말을 군수에게 들여보내 맘껏 마시게 하였다. 때마침 이영식은 오랜만에 동생이 찾아 왔으므로 오후부터 술잔을 기울이기 시작해 석양에는 도도히 취하였다. 저녁때가 되어 잠깐 자신의 방에서 문서를 뒤적이고 있는데 어디선가 고함 소리가 나더니 삼문을 박차고 횃불을 든 폭도들이 수십 명 들이닥쳤다.

이영식은 술이 번쩍 깨어 호령해 보았으나 아무 소용이 없었다. 아전과 이속들은 이미 비밀 반군들에 의해 다른 곳에서 술잔치를 벌이고 있었기 때문이다. 다급해진 이영식은 벽장 속으로 숨었으나 술에 취해 안방에서 누워 자던 동생이 잠결에 뛰어 나와 멋도 모른 채 호통을 쳤고 대청에 올라선 폭도들은 대뜸 동생을 죽여 버렸다. 이에 벽장에 숨었던 이영식이 뛰어나오며 소리쳤으나 동생은 이미 죽은 뒤였다.

뒤늦게 김사용이 들어서며 항복하면 목숨은 살려줄 것이라 말하며 관인과 병부兵符를 내놓을 것을 명하였다. 곽산 군수 이영식은 쉽게 항복하였다. 부하들은 당장 그를 죽여 버리자 하였으나 김사용은 항자降者를 살해함은 도리가 아니라며 우선 묶어서 가둘 것을 명하여 살려 주었다.

그러나 이영식은 보통내기가 아니었다. 목전에서 자신의 동생이 죽었으므로 그 원수를 갚을 요량으로 우선 거짓 항복을 하고 목숨을 건진 다음 계책을 짜려는 것이었다. 이영식을 가둔 옥문은 반군 병졸 장재흥張再興이 지키고 있었다. 장재흥도 술을 어지간히 좋아하는 인물로 술 때문에 이 지경이 된 이영식은 그 술로써 살아나고자 꾀를 썼다.

한겨울이라 밤중은 더할 나위 없이 추웠기 때문에 이영식은 장재홍을 살살 꾀어 내아의 어디에 가면 좋은 술이 있다는 것을 가만히 귀띔해 주었다.

귀가 솔깃해진 장재홍은 곧 술을 병째로 갖다 놓고 들이키다가 이영식에게도 한 모금 남겨 주었다. 이윽고 술기운이 든 장재홍의 기분이 좋아지자 이를 놓치지 않은 이영식이 한껏 소리를 낮추며 말하였다. 자신을 내보내 주기만 하면 마루 밑 어딘가에 숨겨 놓은 3천 냥을 주겠다며 벼락부자 한번 돼 보고 싶지 않냐며 구슬린 것이다.

술김에 욕심이 동한 장재홍은 앞뒤 가리지 않고 선뜻 옥문을 열어 주었다. 이영식은 나와서 포박이 풀리자마자 단매로 장재홍을 갈겨 죽여 버리고 사잇길로 정주를 향해 도망갔다. 이영식은 정주에 들러 목사 이근주李近胄에게 반란군의 형세가 크니 성을 지킬 준비부터 잘하라 이르고는 22일에는 안주의 병영에 당도하였다.

안주는 평안도 병마절도사가 있는 곳으로 군사기지였다. 말타기와 활쏘기 등의 무예가 있는 이영식은 비록 관인과 부신도 다

버리고 홀몸으로 도망쳐 왔지만 이때부터 그 좋아하던 술을 한 모금도 입에 대지 않고 반란군 공격의 제일선에 나가서 가장 많은 공을 세우게 되었다.

한편 정주성은 이제 바람 앞의 등불이었다. 가산과 곽산 중간에 있는 정주의 운명은 이미 결정된 것과 같았다. 목사 이근주는 원래가 겁쟁이여서 곽산과 가산이 함락되었다는 변보를 듣자 좌불안석이었다. 목사는 좌수座首 김이대와 중군中軍 이정환李廷桓을 불러서 대책을 세우자고 의논하였는데, 이들 두 사람은 이미 반군의 비밀 동지였으니 제대로 말할 이가 없었다.

두 사람은 입을 모아 아무 준비 없이 성을 지키는 것은 무모한 일이니 차라리 항복하는 것이 빠를 것이라며 이근주를 설득하며 공연히 우물쭈물하다가는 가산 군수처럼 개죽음을 당하고 가족까지 화를 당하게 될 것이라 겁을 주었다.

이러고 있는 와중에 정주의 내응 동지인 최이륜은 백주에 부하를 거느리고 옥을 때려 부수고는 갇혀 있던 죄수들을 끌어내어 합세하였고, 거리에는 평서 대원수 홍경래의 격문이 나붙어 민심은 흉흉하였다. 성급한 사람들은 피난 보따리를 챙겨 하나둘 읍을 떠나갔다.

이윽고 삼문이 부서지고 수많은 반란군들이 동헌으로 쳐들어

왔다. 쥐구멍을 찾던 목사 이근주는 향교로 피신하였으나 반란군과 내통한 좌수, 집사 등이 목사의 인부를 빼앗고 안주 병영으로 쫓아 보내니 정주성도 쉽게 함락되었다.

그리하여 12월 22일 가산에서 북행하던 홍이팔과 이제초의 부대와 곽산에서 남행하던 김사용의 부대는 정주성에서 모였다. 양군 수뇌들은 동헌에 좌정하여 대원수 홍경래에게서 내려온 영을 하달하였다.

여기서 정주의 주관장은 최이륜으로 삼아 곧 소를 잡고 술을 내어 군졸을 위로한 다음 관고官庫를 열어 쌀과 필목을 백성들에게 골고루 나누어 주었다.

여기서 그들은 본래의 작전을 변경하였다. 본래는 홍이팔과 이제초가 정주에서 김사용의 군과 합세한 후 북향하여 의주를 공략하기로 하였으나 홍이팔과 이제초의 제의로 작전을 변경하였다. 홍이팔이 정예 1백 명을 거느리고 몰래 남행하여 안주성을 먼저 기습하는 작전이었다.

이 작전은 전부터 무사들이 주장한 것이었으나 김창시, 우군칙 등이 반대해서 뜻을 이루지 못하였던 것이다. 이에 불만을 품은 무사들은 정주에서 애초의 계획을 비밀리에 실천하려고 합의하고 홍이팔은 홍경래에게 단독으로 안주성을 기습할 것을 은밀히

승낙 받은 상태였다. 홍이팔은 총총히 안주성으로 향했다.

반란군과 반란군의 갈등

한편 12월 19일 저녁에 가산을 출발한 홍경래의 본부대는 20일 새벽에 박천을 정면으로 쳐들어갔다. 위세가 컸으므로 박천 군수 임성고任聖皐는 대항도 한번 못해 보고 병졸 몇 명과 함께 성을 버린 채 도망하여 서운사棲雲寺로 피신하였다.

그러나 이 겁쟁이 군수는 제 노모를 그대로 성에 버려둔 채 도망했기 때문에 반군은 임성고의 노모를 잡아 옥에 가두었다. 이 소식을 들은 임성고는 결국 홍경래의 막사에 내려와 자수하고는, 자신을 죽이고 노모는 살려 달라고 애원하였다.

홍경래는 그가 항복하지 않고 도망갔다가 부득이 왔으므로 참하려 하였으나 효성이 갸륵하다 하여 살려 주었다. 그리하여 목숨을 구하고 옥에 갇힌 임성고는 통인通引과 연락하여 안주의 병영에 급보를 전하게 하였다. 안주에서는 적의 형세가 큰 것에 대비하여 단단히 준비하기에 이르렀고 한양에도 이 급보를 전해 조정에서는 특별한 대책을 강구하기 시작했다.

한편 박천의 홍경래 본영에서는 다음 작전을 놓고 또 무사와

문인들 사이에 두 가지 주장이 대립하였다. 문인들은 애당초의 계획대로 동으로는 영변과 북으로는 태천을 공략하자는 작전이었고, 무사들은 안주를 쳐부수는 것이 시급하

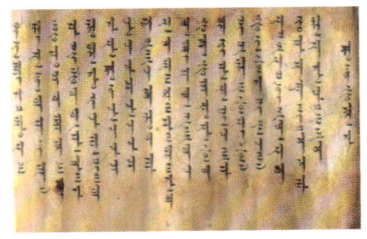

작자, 연대 미상의 정주 승전가.
홍경래의 난을 소재르 읊은 군담軍談 가사

다는 주장이었다. 무사인 김대린金大麟은 핏대를 크게 올렸다.

"우리가 기병한 목적은 안주와 평양을 거쳐 한양으로 올라가서 썩어 빠진 위정자들을 무찌르고 새 나라를 세우자는 것이 아니오? 그런데 거사한 지 수삼 일이 지났으되 아직도 청북淸北(청천강 이북)의 소읍 몇 개를 얻고 또 이제도 계속 소읍만을 노리는 것은 대사를 위하는 방법이 아닙니다. 더욱이 우리의 비밀이 탄로되어 거사를 미리 앞당긴 이유는 저쪽에서 공세를 취하기 전에 우리가 먼저 기선을 제압하려는 것이 아니었습니까? 그런데 이제 안주성에서 미리 우리의 거사를 탐지하고 군비를 갖추게 된다든가 또는 먼저 공세로 나오게 되면 우리는 더 큰 손실을 불러들이는 것입니다. 지금 기습 공격을 하면 적은 군사와 적은 희생으로 쉽게 격파할 것을 공연히 시일만 끌다가 많은 군사에 많은 희생을 내고서도 오히려 성공을 못할지 모르니 이 길로 속히 안주

성을 칩시다. 안주야말로 적의 목덜미입니다. 이 목덜미를 꼭 눌러 놓아야 그 심장인 평양과 한양도 쉽게 떨어뜨릴 수가 있습니다."

그러자 즉석에서 총참모 우군칙이 반대하였다.

"본래 우리 작전은 대원수를 중심으로 해서 계획한 작전이니 이제 도중에서 작전을 달리 변경할 수가 없습니다. 한양으로 쳐들어가는 우리의 목적과 또 한양을 치려면 안주를 속히 우리 수중에 넣어야 한다는 것은 누구나 다 아는 사실입니다. 그러나 안주는 병영이 있는 곳으로 성이 견고하고 상번常番 군졸이 주야로 지키고 있어서 변두리의 소읍과 같이 얕잡아 볼 수 없는 곳입니다. 더욱이 청천강이 사이에 끼어 있어서 공격하기에는 힘들고 막기에는 대단히 쉬운 요새입니다. 이런 적의 요새를 그리 쉽게 무너뜨릴 수 있는 줄로 아시오? 적을 너무 가볍게 보는 것은 병가의 금물입니다. 그러니 애초의 작전대로 남군이 영변, 태천, 개천 등을 함락시키고 북군이 정주, 곽산, 구성, 선천, 철산, 용천, 의주를 멍석말이해 놓아 청천강 이북을 아무 후환이 없는 영역으로 한 다음 남북 양군이 합세하여 일거에 안주성을 들이치는 것이 가장 견실하고 또한 승산이 있는 작전입니다. 대원수께서는 우리의 애당초 작전 계획을 경솔히 변경하는 일이 없게 하시기

바랍니다."

결국 완전무결한 작전을 하자는 것이었고, 이것은 신속을 잃는 결함이 있었다. 그러나 홍경래는 작전을 함부로 변경하면 여러 차질이 생길 것을 우려하여 결국 처음의 계획대로 영변과 태천을 공격하라는 단안을 내렸다.

김대린 이하로 안주 선공을 주장하던 자들의 실망은 이만저만이 아니었다. 그리하여 그날 밤 통분한 김대린은 몇몇 부하를 데리고 홍경래를 암살하려고 들어갔다가 실패하여 잡혀 군법으로 참수당했고 홍경래는 부상을 당하는 등 봉기는 생각대로 흘러가지 않았다.

안주는 평안도 제일의 요지로서 42개 고을의 병마를 한 손에 쥔 평안도 병마절도사가 있는 본영이었으며 성곽이 견고하고 군사도 많았다. 전략에 밝은 홍경래도 이곳이 그리 쉽게 함락할 수 없는 곳임을 알았기 때문에 미리부터 많은 계획을 세워 놓았다. 평양의 대동관을 폭파하여 평양 폭동을 준비한 것도 실은 쉽게 안주를 손에 넣으려는 계책이었다.

안주 성내에도 이미 비밀 동지가 많이 침투되어 병마절도사인 이해우李海愚와도 연락이 닿아 있었다. 홍경래의 부하인 김대린, 이인배李仁配, 이무경李武京 등과 이해우는 이미 내통이 되고 있었으므로 김대린이 그처럼 안주 선공을 주장하고 홍경래를 암살까지 하려 했던 것도 일리는 있었던 것이다.

당시 조선 최강 야전군의 하나인 평안도 군사의 총수인 병마사 이해우가 힘을 합쳐 한양으로 들어갔다면 그 다음은 쉽게 해결되는 일이었다 해도 과언이 아니었다.

한편 안주 목사 조종영趙鍾永은 소심한 사람이었다. 이상한 소리가 들려오므로 병마절도사 이해우를 만나 미리 대비하자고 의논했다. 그러나 이해우는 그까짓 도적의 무리를 무에 겁내느냐며 코웃음을 쳤다. 병사가 그러므로 조종영은 체면상 더 보챌 수가 없어서 가만히 있는데 12월 21일에 박천 군수 임성고가 옥중에서 통인을 시켜 보낸 밀서가 날아왔다. 이 급보에 목사 조종영은 크게 당황하였고, 병사 이해우 역시 가만히 있을 수 없어서 방비책을 강구하게 되었다.

22일이 되자 홍이팔은 정예 1백 명의 군사를 거느리고 청천강을 가운데 두고 안주성이 건너다보이는 송림松林에 이르렀다. 그날 밤 야습을 위해서였으나 정탐에 의하면 며칠 전부터 안주성의 수비가 갑자기 엄해졌다는 것이었다.

홍이팔은 술과 고기로 부하들을 배불리 먹이고 청천강의 얼음판을 조사하여 건너기에 안전한 것을 확인한 다음 암호와 표지까지 다 준비하였다. 그런데 본부대에서 대원수 홍경래의 밀사가 왔다. 비문을 뜯어보니 내용은 안주성 공격을 중지하라는 것이었다.

아무래도 안주 병사 이해우의 태도가 의심스럽다는 내용이었다. 이해우가 비밀리에 홍경래 군과 상응한다고는 했으나 이쪽의 비밀을 미리 알고 그것을 이용하여 오히려 반격할 것 같으니 이유 여하를 막론하고 곧 회군하라는 명이었다. 홍이팔은 무릎을 치며 탄식했으나 홍경래의 명을 거역할 사람은 아니었다.

홍이팔은 홍경래의 막하에 있는 책상물림의 선비들을 욕질하며 만사를 한탄했고 밤안개에 잠겨 있는 안주성을 바라보며 회군할 수밖에 없었다.

홍이팔이 박천의 본영으로 회군해 오자 거기서는 또 우군칙과 김창시 등이 그의 단독적인 작전과 무단이탈을 이유로 군법에 붙이기를 주장하였다. 그러나 홍경래는 이를 묵살하였다.

비록 안주성 기습은 중지되었으나 청북淸北의 여러 고을에 대한 작전은 계속되었다.

북군의 김사용 부대는 24일에 선천을 공격하였다. 미리 겁을 먹은 선천 부사 김익순은 성을 버리고 달아나 검산산성에 피신하였으나 산성이 위태로워지자 곧 투항하여 생포되었다. 그로부터 김삿갓의 조부 김익순은 홍경래 군에게 적극 협력을 약속하고 막하에 머물게 되었다.

다음날인 25일에 반군이 철산에 들어서자 부사 이장겸李章謙은 형세를 당하지 못하고 항복하였으며, 다음으로 쳐들어간 용천龍川 부사 권수權琇는 읍 북쪽에 있는 용골산성龍骨山城에 웅거하여 약간 항전하다가 그 세를 당할 재간이 없자 산성을 버리고 의주로 도망하였다. 남군도 28일에는 태천을 공격하였고 태천 현감 유정양柳鼎養은 영변으로 달아나는 등 관군은 치욕적인 모습을 보였다.

이리하여 불과 거사 열흘 만에 홍경래는 가산, 박천, 정주, 태천, 곽산, 선천, 철산, 용천의 여덟 고을을 점령하게 되었으며 정부에서는 상황 판단조차 올바로 할 수 없는 상태였다.

전열을 수습하기 시작한 관군

한편 가산에서 변이 있던 다음날에야 평안 감사 이만수는 미확인의 보고를 받았고 조정에 상당히 확실한 급보가 올라간 것은 12월 21일 밤이었다. 이 변보를 받은 조정은 경악하였고, 장안의 민심은 극도로 소연해졌다.

조정은 우선 긴급 조처로서 정만석鄭晩錫을 관서關西 위무사慰撫使로 삼고 겸하여 감진사監賑使로 삼았다. 정만석은 공조참판으로 있다가 앞서 도총부 부총관으로 있을 때에 도총부의 초기草記를 변통한 죄로 무주茂朱에 귀양 갔다가 갓 풀려 나온 상태였다. 정만석은 청백하기로 이름이 높았고 때문에 권세가들의 배척을 받았던 사람인데 이제 다급하게 되니까 그에게 이러한 중책을 맡기게 된 것이다.

그리고 평안도 병마절도사를 거쳐 좌포도대장으로 있는 이요헌李堯憲을 평안도와 황해도의 양도 순무사巡撫使로 삼아 내보내고, 도총부 부총관 박기풍朴基豊을 순무 중군中軍으로 정하였다. 또한 김처한金處漢을 선봉장으로 삼아 한양의 군괘를 주어 내려보내게 하였으나 홍경래 군이 무섭게 생각 되었음인지, 김처한은 꾀병을 칭탁하고 내려가지 않았다.

그 밖에도 누구 하나 선봉장으로 나서겠다는 이가 없으므로 순무사 이요헌을 선봉장으로 겸하게 하여 내려가라 하였다. 이어서 청북의 여덟 고을이 반군에게 넘어갔다는 소식이 들어오자 순조는 극도로 겁을 내기 시작하였다. 낭설은 꼬리에 꼬리를 물어 반군의 수효가 1백 만이 넘었다는 소식이 전해졌다.

조정 대신들은 이 나라에는 충신열사들이 얼마든지 있으니 도적들에게 일패도지一敗塗地되어 한양까지 위태로이 될 수가 있겠느냐며 도적 홍경래의 망령된 격문에 관서의 우매한 백성들이 우왕좌왕 하고 있는 모양이니 윤음綸音을 내리시어 이들을 진정케 하라 청하였다.

대신들의 말대로 순조는 조정에 명하여 급히 홍경래의 격문에 대처하는 임금의 윤음을 내려 보내게 하였다.

〈오호라, 관서의 신민臣民들이여! 과인의 슬픈 명령을 들을지어다. 과인은 나이 어려서 부왕의 뒤를 이어 우금 10여 년이 되었거니와, 덕이 박하여 여러 사람들의 은공에 보답하지 못하였도다. 이 때문에 과인의 근심은 더욱 커졌거늘 가산에서 도적이 일어나 청북 땅의 수천, 수만 생령이 도탄에 든 것은 과인의 큰 죄로다. 어느 시대에 흉년이 없겠는가마는 이번에 불행히 흉년이 들어 이 틈에 도당을 만들어 가지고 인명을 살생하니 이는 도적 떼의 짓이다. 풍속이 퇴폐하여도 바로잡지 못하고 강기가 해이되어도 진작振作치 못하고, 민생이 도탄에 들어도 구휼치 못하고 탐관오리가 횡행하여도 살피지 못하였으니 이는 모두 과인 한 사람의 죄이로다. 그러나 도적의 떼는 박역하였으니 용서할 수 없거니와 아무것도 모르고 쫓아다니는 도당은 모두가 과인의 적자赤子들이니 너희는 협박과 꾐에 못 이겨 그렇게 된 것으로 안다. 출정하는 장수들에게 이르노니 도적을 잡을 때에 무고한 백성은 해치지 말라. 항복하는 자는 평민과 같이 대우할 것이며 비록 적이라도 적의 무리를 잡아 오는 자에게는 후한 상을 주리라. 관서 지방은 자고로 풍속이 순후하여 의를 숭상하여 왔다. 그렇거늘 어찌 오늘에는 이러한 사람이 없는 겐가. 모두 나라를 위하여 충성을 다하도록 할지어다.〉

이것은 임금의 유고문치고는 지독히도 겁을 먹고 위기에 빠져서 호소하는 것과 같았다. 조정은 그만큼 당황하여 어쩔 줄 모르고 갈팡질팡하였던 것이다.

그래도 순무 중군 겸 선봉장으로 임명된 박기풍은 급급히 군사 3천 명을 점고하여 12월 27일에는 마침내 한양을 출발하게 되었다. 그날 임금은 서대문 밖까지 나와서 갑옷 투구 차림의 박기풍에게 부월斧鉞을 하사하고 어사주御賜酒도 석 잔 내렸다.

황해도 황주黃州는 황해도 병마절도사가 있는 곳으로 황해도 제일의 군사 요새였다. 이곳에도 홍경래와 비밀히 통하는 토호土豪 노인담盧仁淡, 곽성집郭成楫, 김여철金汝喆 등이 있어 내통 끝에 폭동을 일으켰다. 그러나

『황주읍지』에 실린 황주

황해 병마사 조계趙啓가 즉시 토벌하여 난리는 커지지 않고 그쳤으나 황주 군아郡衙는 거의 약탈되었으며 밤중에 일어났던 일이므로 폭도들이 다 도망하여 잡지를 못했다. 노인담 등은 그곳의 유지들인데다가 한양 조정의 대관들과 연척간이라 하여 병마사는 혐의는 두고 있으면서도 그들을 잡아다 문초하지 못하고 있는 중이었다.

순무 중군 박기풍이 12월 28일 황주의 구락방龜洛坊에 이르렀을 때 황해 병사 조계는 그를 마중 나갔다가 함께 들어왔다. 그때 이 행군을 구경하는 사람들 틈에 노인담 등도 명주 두루마기를 입고 나와 목에 힘을 주며 구경을 하였는데 이것이 박기풍의 눈에 몹시 거슬린 것이다.

나라가 누란의 위기에 놓였는데 대체 어느 나라 백성이기에 명주옷을 입고 남의 일처럼 구경하느냐는 것이었다. 그들이 고을의 유지로서 한양의 정승 판서와 연척 관계가 되어서 함부로 다루지 못한다는 사실을 알게 된 박기풍은 그날 밤 황주에서 묵으며 영을 내려 노인담, 곽성집, 김여철과 그 무리를 샅샅이 색출하여 1백여 명을 잡아 들였다.

박기풍은 추상같은 영을 내려 세 사람을 목 베어 내걸고 그들을 따라 부화뇌동했던 무리 1백여 명에게는 군곤軍棍 30대씩을 때려서 돌려보내니 모두가 업혀서 돌아갔다. 이로써 박기풍의 영내 군기는 저절로 찬바람 돌 듯 삼엄하여졌다.

한편 홍경래의 반란군은 파죽지세로 여러 고을을 손아귀에 넣었으나 아직도 청북 지역 가운데 영변, 구성, 의주의 세 고을이 함락되지 않고 있었다. 그런데 평안도 사람이라고 전부 차별 대우에 반항하여 홍경래 편에 가담하는 것은 아니었다. 또 구성과 영변도 다른 고을에서 도망간 사람들이 일치 결속하여 홍경래 군에 대하여 굳게 항전하므로 다른 성읍처럼 그리 쉽게 떨어지지가 않았다.

홍경래 군은 먼저 청천강 이북 땅을 완전히 평정하여 기지를 삼아 뒤에 근심이 없게 해놓고 남으로 일거에 안주를 쳐서 평양을 공략하려고 했었다. 그러나 예상과 다른 상황들로 인해 당초의 전략은 일단 단념하지 않을 수 없었다.

그리하여 안주를 선공하자는 데에 그토록 반대하던 우군칙, 김창시 등도 전략을 바꾸어 남군만으로 안주를 공격하는 도리밖에 없다고 생각하였다. 이에 12월 26일 밤에 남군은 안주성이 마주 보이는 강 건너의 송림으로 이동하였다.

그러나 때는 이미 늦어 안주성은 방비가 대단하였다. 관하의 각 군에 영을 내려 증병을 독촉하니 숙천肅川 부사 이유수李儒秀

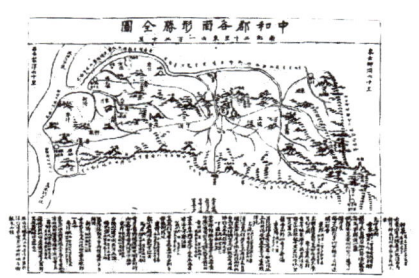

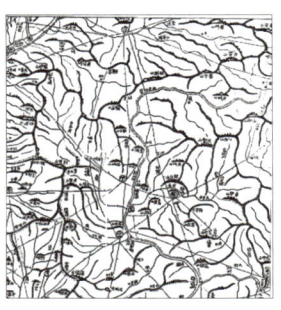

중화군 각 면 형승전도

대동여지도, 순천군 부문

를 비롯하여 중화中和, 순천順川, 함종
咸從, 덕천德川, 영유永柔, 증산甑山, 순
안順安 등 각 고을 수령이 거느리고 온
군세가 불과 5, 6일 동안에 2천 명을
넘었다.

『덕천군읍지』에 실린 덕천

여기에다 27일 정오에 한양을 출발
한 이요헌과 박기풍이 순무군 3천 명
으로 미구에 도착하리라는 소식에 관
군은 그 기세가 충천하였다.

정주성 혈전, 누구를 위한 싸움인가

이롭건 불리하건 간에 안주를 공격하지 않을 수 없으므로 우열을 가릴 결전의 시기는 다가왔다. 양편의 군세가 이와 같았으므로 홍경래는 먼저 공격을 가하지 않고 저쪽에서 쳐들어오기를 기다리며 탐색전을 벌였다.

드디어 12월 29일 아침에 관군이 먼저 성문을 열고 내달아 얼어붙은 강을 건너 쳐들어왔다. 그 수효는 1천 명쯤 되었는데 홍경래는 그것이 관군의 전부로 알았다.

이쪽의 군세는 남군만으로 1천5백 명이었다. 공격해 오는 관군은 주장에 평안 병영의 우후虞候 이해승李海昇이었고, 우익장에 순천 군수 오치수吳致壽, 좌익장에 함종 부사 윤욱렬尹郁烈이었다.

홍경래 군에서도 즉각 이에 응전하여 1천5백의 군사를 선봉 홍이팔, 우군 윤후험, 좌군 변대언邊大彦으로 나누어 대적케 하였다. 그리하여 송림동에서의 결전은 벌어졌다.

지금까지 싸움다운 싸움을 한 번도 못해 보고 처음으로 많은 적군을 대한 선봉장 홍이팔은 황소 같은 기염을 토하며 진격해 나갔다. 과연 용감무쌍한 맹장으로 그는 관군의 주장 이해승 군에 대항하여 앞장서서 칼을 뽑아들고는 좌충우돌 닥치는 대로 1십여 명을 순식간에 베어 죽이니 관군은 그만 혼비백산하여 고전을 면치 못하였다. 관군의 주력이 이렇게 무너지자 좌군도 윤후험 군의 맹격을 받아 수세에 빠지면서 고전에 고전을 거듭하였다.

치열하게 벌어지는 관군과 반란군의 싸움

　이에 홍경래 군은 우세한 수로 관군을 완전 섬멸하려고 기를 뽑었다. 이때 안주 병마사 이해우는 백상루百祥樓에서 전세를 멀리 살피고 있다가 관군이 불리함을 보고 어지간히 적의 힘이 소모되기를 기다려 성 안의 나머지 병력 1천 명을 풀어 보냈다. 이번 증원군은 곽산 군수로 있다가 도망했던 이영식의 통솔로 함성을 지르며 질풍같이 내달았다.

　안주성의 전 병력이 1천 명 정도인 줄로만 알고 이를 포위하여 완전 섬멸하려던 홍경래 군은 불의의 대병력이 지원해 오자 당황하였다. 그 반면 포위당해 섬멸의 위기에 있던 관군은 후원군이 닥쳐옴을 보고 용기백배하여 반격을 개시하였다.

　그리하여 전세는 순식간에 역전되어 도저히 걷잡을 수 없는 전세로 반군이 몰리게 되었다. 반란군은 날이 저물 때까지 분전을 계속하였으나 피해만 더욱 늘어갈 뿐이었다. 홍경래는 마침내 북을 울려 회군케 하니 이로써 그의 군사는 많은 인원이 관군에게 짓밟혀 죽거나 다치고 말았다. 관군도 더 이상 추격하지 않고 회군하여 들어갔으나 홍경래는 그곳에서 더 이상 버티며 안주성을 바라볼 여력이 없게 되자 군사를 정비하여 송림에서 정주성으로 향해 퇴각하였다.

홍경래는 만일의 경우를 생각하여 다복동의 가족을 정주성으로 옮기도록 하였다. 정주성이 가장 견고하고 수성守城에 용이한 곳이기 때문이었다. 송림 싸움에서 패하기는 하였으나 홍경래 군이 그렇다고 절망한 것은 아니었다. 단지 파죽지세로 나가던 반군은 이로부터 수세를 취하게 되었다.

이제 정주성에 들어온 홍경래는 창성昌城과 강계에 있는 동지들로부터 구원병을 청하는 일과 북군이 하루 속히 의주 작전을 마치고 합류하여 더 큰 세력으로 안주를 공략하는 계략을 짰다. 우선 참모 김창시를 북군의 김사용에게 파견하여 그날로 김창시는 북군이 주둔하고 있는 양책참良策站으로 말을 달렸다. 양책참은 선천에서 의주로 통하는 길목에 있는 요지로서 부원수 김사용은 북군의 선봉장 이제초와 함께 그곳에 머물면서 의주 공격의 기회를 노리고 있었다.

그러나 의주 공략은 의주 사람으로 홍경래를 공격하러 일어선 허항과 김견신이 거느리는 의병의 세력이 강하여 어려웠고, 이미 반란군이 점령한 지역도 그 의병의 위협 아래에 있었다.

그리하여 북군을 둘로 나누어 이제초는 선천으로 내려가 중간에서 북군과 남군과의 연결을 확보케 하고 김창시는 김사용과 함께 양책참에서 북군을 거느리고 의병과 대전키로 하였다. 이때에 가장 중요한 것은 북군과 남군의 연결이 두절되지 않게 하는 것이었다. 이제초는 곧 선천을 사수하러 떠났다.

이와 같이 홍경래 군이 부진하고 있는 반면에 관군은 승전의 기세를 계속 돋우고 있었다. 30일에 관군은 박천을 공격하여 반란군을 파하고 수복하는가 하면 같은 날에 가산을 공격해서 파하고 반군의 소굴인 다복동으로 들어가 민가와 병사兵舍를 모두 불태워 버렸다. 그러나 그때는 홍경래가 가족과 군량을 정주성으로 옮겨 수성 작전을 편 뒤였다.

난세가 드러내는 인간 군상

한번 송림에서 홍경래가 패주했다는 소문이 들리자 달아났던 관군들이 여기저기서 모여 들어 힘을 얻었다. 그리고 전세가 유리해지자 이틈에 한몫 보겠다는 자들이 서로 의병장이라면서 일어났다.

한편 제경욱諸景彧, 문영철文永喆, 조영환趙永煥, 현인복玄仁福 등이 의병을 일으켜 선공을 하기 위해 정주성을 에워싸고 공격하였으나 홍경래 군이 내달아 공격하는 바람에 오히려 참패하고 도망쳤다. 때문에 이를 지원하러 갔던 관군까지도 손해만 입고 후퇴하였다.

이에 관군은 전법을 바꿔 정주성은 그대로 두고 다른 군에 있는 적군을 하나씩 물리치는 전법을 써서 각지에서 백병전이 벌어졌다. 그리하여 관군은 태천을 회복하였으며 이듬해인 1812년(순조 12) 정월 초사흘에는 다시 정주성을 대규모로 포위하기에 이른다.

여기에 한양에서 내려온 박기풍의 3천 군사가 가담하였다. 박기풍이 총지휘관으로서 정주성 아래에 진을 친 것은 1월 12일이었다. 더구나 박기풍은 대완구포大碗口砲, 자모포字母砲, 운제雲梯 등의 공성攻城 무기를 가지고 각 지방의 의병에 평안도 군병을 합한 8천여 명의 대군으로 정주성을 포위하였다. 그리하여 정주성을 단숨에 함락시킬 기세였으나 이것은 그리 쉽지 않았다. 박기풍은 세 차례에 걸친 대규모 공세를 취했으나 앞장세웠던 의병장과 지휘관들만 잃고 큰 피해를 입었다.

성문을 굳게 닫은 홍경래 군은 관군이 성 밑까지 올 때는 별로 응전하지도 않고 죽은 듯이 가만히 있다가 성 밑에 관군이 몰려들어 사다리를 타고 성 위로 기어 올라오려 하면 위에서 큰 돌과 뜨거운 물 등을 퍼부어 한 명도 성 안에 들어올 수 없게 하였다. 관군은 이 작전에 거의 속수무책이었다.

정주가 이같이 견고하자 관군은 정주 작전을 계속하는 한편 정주 바로 뒤에 있는 곽산을 회복하려 하였다. 곽산의 군수였던 이영식은 좋은 기회라 생각하고 자신이 후원장이 되어 오치수와 함께 2천 명의 관군을 휘몰아 곽산으로 쳐들어갔다.

곽산을 지키는 홍경래의 유진장留鎭將 박성신은 만만치 않은 사람으로 상당히 버티며 싸워 보려 하였으나 결국 엄청난 군세를 당하지 못하여 성을 버리고 무리를 이끌어 도주하였다.

이에 곽산을 수복한 관군은 더욱 기세를 올렸고 이영식은 전에 실수했던 죄가 용서되었을 뿐만 아니라 공을 인정받아 전의 곽산 군수에서 이번에는 용천龍川 부사로 승격되었다. 이 사실이 알려지자 전에 달아났던 각지의 수령들은 이제 관군이 점차 이기는 분위기가 된 마당에 자신들이 죄를 쓰고 죽을 것에 생각이 미치자 어떻게 하든지 공을 세우려고 야단이었다.

곽산을 버리고 도주한 박성신은 그 길로 선천으로 가서 이제초에게 도움을 청하였다. 북군의 선봉장으로서 중간 요충지인 선천을 지키던 이제초는 자신이 그동안 모은 주력부대와 곽산에서 패주해 온 잔병 등 1천여 명을 이끌고 설욕전을 위하여 곽산으로 향했다.

곽산에서도 곧 오치수, 이영식 등이 나와 양군은 곽산 서쪽의 사송야四松野 벌판에서 맞섰다. 관군은 승전한 기세의 2천 명이요, 반군은 그 절반인 1천 명이었다.

홍경래 군의 선봉장 이제초는 북군의 운명을 걸고 싸웠다. 그의 용맹이 컸으므로 싸움은 만만치가 않아서 송림에서의 회전을 방불케 하였으며 이제초는 진두에서 독전하며 수가 우세한 적을 수없이 죽였으나 관군의 수를 당하지 못하고 이제초의 부대는 완전 포위되고 말았다.

포위 사실을 안 이제초가 군졸을 몰아 한 모퉁이를 뚫자 한칼에 대여섯 명이 쓰러지면서 혈로가 뚫렸다. 이제초는 북군의 본진에 가서 다시 대오를 정돈하려는 생각에서 수백 명을 거느리고 양책참을 향하여 달아났으나 얼마 못 가서 다시 관군의 복병에 포위당하고 만다. 분전 끝에 많은 관군을 베어 죽였으나 결국 이제초는 중과부적衆寡不敵으로 생포되고 말았고 그 자리에서 죽으려 하였으나 관군의 꾐에 빠져 이영식의 진에까지 가서 참변을 당하였다. 이리하여 홍경래 군 선봉장의 한 사람이자 개천 출신의 용장이던 이제초는 허망하게 목이 달아나고 말았다.

선봉장 이제초의 죽음을 들은 북군은 거의 전의를 상실하였고 부원수 김사용은 참모 김창시와 의논하였으나 묘책이 없었다. 김창시는 사기의 타개 방안으로 창성에 가서 포수砲手들을 동원해 오기로 하고는 즉시 몇 십 명만을 경장輕裝으로 거느리고 길을 재촉했다. 그가 구성龜城 지경에 이르렀을 때 이제초와 박성신 부대의 낙오병으로 오던 조문형趙文亨을 만났다. 김창시는 그를 곧 자기의 예하에 편입시켰으나 이것이 화근이 되었다.

김삿갓의 조부 김익순의 선택

김창시와 합류하기 전 조문형은 낙오병으로 오는 도중에 전 선천 부사 김익순을 만나게 되었다. 조문형은 이제 형세가 틀렸으므로 목숨이 아깝다는 생각이 들었고 살길은 관군에 투항하는 길뿐이었다. 그렇다고 그냥 투항해서는 아무 소용이 없었다. 임금이 내린 윤음에는 비록 적이라도 도적을 잡아 오면 후한 상을 줄

뿐 아니라 신분을 가리지 않고 벼슬을 주겠다는 말이 있었다.

김익순은 자신도 이영식처럼 공을 세워 용서를 받고 승진하고 싶어 고심하고 있던 참으로, 마침 반군의 패잔병인 조문형을 만난 것이다.

김익순은 조문형을 위로하며 자신이 돈 1천 냥을 줄 터이니 적장의 머리를 베어다 팔라며 흥정을 하기 시작했다. 조문형이 가만히 생각해 보니 나라에서 상을 얼마나 줄는지는 몰라도 1천 냥까지는 안 줄 것 같기에 김익순에게 반군 장수의 목을 베어 팔기로 결정하였다.

그날 밤 구성의 경산境山 산속에 군막을 치고 자게 되자 김창시는 아무 의심 없이 조문형과 한 막사에서 잠을 청하였고 조문형은 그런 김창시의 목을 베어 김익순에게 판 것이다.

그러나 가진 돈이 없던 김익순은 다시 벼슬을 하게 되면 돈이 생길 것이라며 조문형에게 2천 냥짜리 어음을 써서 주었다. 관리가 되어 2천 냥의 돈을 쉽게 마련한다는 것은 관민들의 것을 토색질한다는 소리에 다름 아니었고 청렴함과는 거리가 먼 김익순이 난이 끝난 뒤 이렇게 큰돈을 조문형에게 줄 리도 당연히 만무한 일이었다.

곧 김익순은 김창시의 목을 순무 중군 박기풍에게 바쳤고 김익순이 김창시의 목을 베어 들고 오자 박기풍의 군진에서는 두 손으로 반겨 환영하였다. 이로써 김익순은 적에게 일시 항복했던 죄가 공으로 돌려지게 되었고 김창시의 목을 벤 것은 물론 김익순의 몫으로 되었다. 그렇게 하여 장계와 함께 김창시의 목이 한양으로 올려 보내졌다.

더욱이 봉기의 주축 세력 가운데서도 홍경래를 암살하여 관군에 공을 세우려는 배반자도 있었다.

이런 가운데 박천과 송림 전투에서 패배하기에 이르렀고 반란군은 정주성으로 후퇴할 수밖에 없었던 것이다. 선봉장 이제초와 참모 김창시를 잃고 병력마저 크게 잃은 북군은 완전히 힘을 잃어 버렸다. 의주에 있는 허항許沆과 김견신의 의병은 이 기회를 놓치지 않고 부원수 김사용이 있는 근거지 양책참을 공격하였고 또 선천을 회복하고 뒤쫓아 올라오는 관군의 전세도 굉장하였다.

김사용의 북군 본진은 이에 양책참을 더 지키지 못하고 퇴각하여 정주의 홍경래 본영으로 돌아와 합류하고 말았다. 이제 반군은 정주성을 근거로 최후의 항전을 시도할 수밖에 없었다.

정주성을 제외한 열 개의 읍은 모두가 관군의 손에 들어갔다. 다만 정주성을 차지한 평서 대원수 홍경래는 성문을 굳게 닫고 성내에서 온갖 군비를 갖추면서 장기전의 태세를 갖추었다.

이 무렵 궁중의 왕비 김씨는 원자 대동에 이어서 명온明溫 공주를 낳은 직후였다. 왕비는 그래도 출전 나간 장군의 아내를 위로한다며 순무 중군 박기풍의 아내 정부인 김씨를 궁중으로 불러들였다. 정초의 이 위로연에는 박기풍의 부인 외에도 출정 나간 다른 장군들의 부인이 초청되어 내·외명부가 50여 명이 되었다. 그리고 잔치가 파할 때는 10여 바리나 되는 궁중 음식이 이들의 집에 하사되었다.

　궁중에서 출정한 장수들의 아내를 이와 같이 위로하였다는 소식이 전해지자 박기풍은 공을 세우는 일에 조급해져서는 삼군에 총공격령을 내렸다. 날씨가 추워 희생이 많겠기에 공격은 당분간 늦추기로 한 것인데 갑자기 변덕이 난 것이다. 정월 중순께의 평안도 추위는 아직도 한창이었다.

　우직하게 공격을 거듭할수록 관군의 피해는 늘었고 성은 꿈쩍도 하지 않았다. 이럴 때 홍경래는 사람을 한양으로 보내서 반간계反奸計를 쓰도록 하였다. 한양에 있는 홍경래의 무리들은 유언비어와 함께 박기풍도 홍경래와 합세하기로 내약이 되었다는 벽서를 써 붙였다.

　조정에서는 혹시 반간계가 아닌가 하고 의심하였으나 박기풍을 모략하던 측에서는 좋은 기회라고 여기며 그의 파면 소환을 주장하였다.

　이튿날에 홍경래는 또 글을 보내어 박기풍에게 항복을 권고하였다. 이 같은 홍경래의 반간계가 그대로 적중하는 것은 아니었으나 박기풍을 상당한 궁지에 몰아넣은 것은 사실이었다. 초조해진 박기풍은 불리한 여건이지만 싸움을 재촉할 수밖에 없었다. 우선 그는 성 밑까지 저항 없이 접근할 계획으로 거짓 항복하는 척 홍경래에게 답서를 보냈다.

　과연 다음날이 밝자 날씨가 추운데도 불구하고 박기풍은 항복한다고 전하고서 성벽 아래 20보 밖까지 육박해 왔다. 홍경래가 무기를 버리고 올 것을 명하자 박기풍은 노하여 성의 문을 일제히 공격하여 들이치게 하였다.

　그러나 박기풍이 거짓으로 항복하려는 것을 눈치 챈 홍경래 군은 이미 만반의 준비를 하고 있었다. 아주 근거리에서 조준하고 있다가 박기풍 군을 향해 총과 활을 쏘고 공성攻城 무기에 대처하니 관군의 피해는 컸으며 얼음 빙판인 성벽을 방패에 의지하여 사다리를 타고 기어 올라가야 되는 고충은 이만저만이 아니었다.

　순무영 군관 김대택金大宅은 총알에 맞아 죽고 소모중랑장召募中郎將 제경욱이 사다리에서 떨어져 즉사하니 관군 측은 싸울 용기를 잃고 피해만 늘어갔다.

그러나 공을 세우는 일에 초조해진 박기풍은 두모하게 거듭 공격을 명하여 싸우다가 손실만 거듭하고는 경을 쳐서 물러갔다. 이날 관군은 죽고 부상한 자가 5백 명이나 되었다.

한양에서는 적장 김창시를 비롯하여 이제초, 브·성신, 유문제劉文濟, 박인복朴仁福, 박인초朴仁初 등의 목이 함께 올라와서 크게 한 시름 돌리고 있던 터에 이번에는 박기풍이 패했다는 소식이 올라오자 다시 술렁이기 시작했다.

홍경래가 곧 한양으로 쳐들어온다는 소문에 한양에서는 추운 겨울임에도 불구하고 피난을 가느라고 야단이었다. 금위대장 김조순은 사대문으로 나가는 피난민들을 막아 동요를 가라앉히기에 진땀을 빼고 있었다.

"백성들은 동요치 말고 안거하라. 오늘 평안도 위무사 겸 감진사監賑使 정만석 장군이 1천 군병을 이끌고 출발한다. 이 증원군이 가면 홍경래의 난은 바로 진압이 된다. 동요치 말라!"
하며 일변 조정의 영을 어기고 피난하는 자는 목을 벤다 하니 민심의 술렁임은 약간 가라앉았다.

그러나 백성들 전부가 그와 같이 소심하고 비겁한 것만은 아니었다. 그중에는 의병이 되겠다고 나서는 자가 있어서 창신방昌信坊에 사는 이만석李萬石이라는 백성이 자원하여 병사가 되자 김조순은 즉석에서 50냥의 상금을 주었고, 이 소식에 3백 명의 자원입대자가 모여 들었다.

한편 조정에서는 박기풍이 네 차례의 공격에서 패전한 문제가 대두되었다. 박기풍은 평안도 병마절도사 겸 순무 중군으로 나갔지만 사실 홍경래의 기세를 꺾어 파한 것은 그가 아니고 전임 평안도 병마사인 이해우였다. 그리고 박천 지역을 회복하고 북군의 선봉 이제초의 목을 벤 것도 실상은 평안도 장병이었으며 김창시를 벤 것은 더군다나 박기풍의 공이 아니었다.

이해우는 공을 세웠으나 오히려 초기에 열 곳의 읍을 홍경래에게 빼앗겼으며 그와 내통하였다는 죄목으로 순창淳昌으로 유배당했다. 그러므로 박기풍은 아무 공이나 세움 없이 다만 네 차례 싸움에 패하였을 뿐만 아니라 이제는 홍경래와 함께 손을 잡고 총부리를 돌려 한양으로 쳐들어온다는 유언비어까지 들리는 참이었다. 사실이야 어떻든 간에 백성들의 사기를 위해서라도 이러한 장군을 그대로 둘 수만은 없는 것이 조정의 입장이기도 하였다.

관군의 반격으로 뒤집히는 전세

홍경래의 난은 쉽게 조정까지 장악할 것 같았으나 곧 전열을 수습한 관군의 추격을 받은 농민군은 박천, 송림, 곽산, 사송야 전투에서의 패배를 계기로 급속히 약화되어 정주성으로 후퇴하게 되었다. 농민군의 전세가 이와 같이 급격하게 변화하게 된 것은 주력부대가 지닌 취약성 때문이었다.

농민군은 비록 안동 김씨의 세도 정권으로 대표되는 봉건 지배층에 대한 반감이라는 공동의 이해에도 불구하고 지휘부인 부농, 상인층과 일반 병사를 구성하는 소농, 빈농, 유민, 임노동자 층이 갖는 상호 대립적인 부분을 극복하지 못한 채 하층민의 자발적인 참여를 유도하지 못하였다.

이와 같은 반군 내의 갈등에 대하여 격문의 내용에서는 단지 서북인의 차별 대우, 세도 정권의 가렴주구, 정진인鄭眞人의 출현 등만을 언급할 뿐 정작 소농과 빈민층의 절박한 문제를 대변하지 않고 있었던 것이다. 이러한 현상은 지휘부가 점령 지역에서 이임里任, 면임面任[3] 등으로 하여금 병졸들을 징발하도록 한 데에서도 단적으로 드러난다.

그러나 일단 정주성으로 퇴각한 농민군은 고립된 채 수적인 면에서나 군비에 있어 몇 배나 우세한 경군京軍, 향군鄕軍, 민병民兵

---

3) 이임里任은 조선 시대에 지방의 동리에서 호적에 관한 일과 그 밖의 공공사무를 맡아보던 사람이며 면임面任은 지방의 면에서 호적과 공공사무를 맡아보았다.

의 토벌대와 맞서 거의 4개월간 공방전을 펼쳤다. 이러한 강인한 저항은 곧 주력부대의 구성상의 변화에 기인하는 데, 정주성의 농민군은 이전의 급가 고용이나 소극적 참여자가 아니라 주로 박천과 가산 일대의 소농민들로 구성되었다. 즉, 관군의 초토 작전에 피해를 입은 이 지역의 대다수 농민들이 정주성에 퇴각하여 적극적으로 저항하였으며, 관군의 약탈에 피해를 입은 성 바깥 농민들의 협조와 또 지휘부에서도 부민富民에 대한 가혹한 징발을 통해 평등한 분배를 제공한 때문이었다.

결국 조정에서는 박기풍을 삭직削職하여 불러들이고 유효원柳孝源을 그 후임으로 삼아 내려보냈다. 유효원은 이때 이미 나이가 예순한 살로 회갑의 노인이었다. 20년 전에 평안 병사를 지내고 좌포도대장, 삼도 수군통제사 등을 거쳐 4년 전에 다시 좌포도대장으로서 수하 병졸들이 군기를 문란케 한 죄로 파직되었다가 이때에 이르러 느닷없이 다시 기용된 것이다.

새로 평안도 병마사 겸 순무 중군으로 내려온 유효원은 계략에 능하고 용병을 잘하는 장수로 군율 또한 매우 엄했다. 그러나 성안에서 농성 작전을 펴고 있는 홍경래 또한 녹록치 않은 장수였으므로 양편의 대적은 쉽사리 끝나지 않았다.

그런데 관군은 속속 증강이 되어 그 세가 크고 보급 또한 충분하였지만 홍경래 군은 고립무원이었다. 게다가 선봉장의 하나인 맹장 이제초와 모사 김창시를 잃었으므로 사기가 떨어지고 반면에 관군은 사기가 크게 진작되고 있는 것이 사실이었다.

이때 우군칙이 한 가지 꾀를 내서 관군을 놀라게 하고 자신들의 사기를 돋울 수 있는 방법을 생각해냈다. 죽은 김창시, 이제초와 비슷하게 생긴 자를 군졸 중에서 골라 몰래 그들을 닮게 변장시켜서 성루에 모습을 드러내게 하고 관군이 잘라 간 김창시와 이제초의 목은 바로 관군의 목이었다고 소리친 것이다.

관군의 진중에서는 아연할 수밖에 없었다. 그것이 적의 거짓 간계라고 생각하는 자도 있었지만 버젓이 살아 있는 모습으로 말을 하니 알 수가 없는 노릇이었다.

이제초는 직접 관군이 싸워서 잡아 죽인 것으로 알려졌고, 비교적 얼굴을 아는 자가 많아서 확인할 수가 있었으나 김창시는 얼굴이 그다지 알려지지 않아서 김익순이 베어 온 것이 과연 진짜였는지 확인할 길이 없었다.

이에 유효원은 진중에 있는 전 선천 부사 김익순을 앞으로 불러내 확인하였다. 김익순이 그것은 적들의 농간이라 말하긴 하였으나 김익순의 태도는 무언가 잔뜩 위축되고 떨떠름한 데가 선하였다. 그리고 부인하며 우겨대는 김익순은 무슨 영문인가 하여

지레 질리는 중에도 자신이 그동안 적진에 항복해 있으면서 익히 알던 김창시의 목임에 틀림없는데 그것이 거짓이라고 몰리고 있으니 펄펄 뛸 일이었다.

새 순무 중군 유효원은 김익순이 적진에 항복해 가 있으면서 그저 부득이 목숨만 산 것이 아니라, 적에게 적극 협력했다는 사실을 알고 있었기에 그렇지 않아도 주목하던 중이었다. 그런 때에 이런 일이 생기자 혹시 김익순이 적에 부역한 잘못을 은폐키 위해 거짓으로 김창시의 목을 잘라 온 것은 아닌지 의심하지 않을 수 없었다.

이때 진짜 김창시의 목을 베었던 적군 조문형이 유효원의 군막을 찾아왔다. 김익순에게 김창시의 목을 1천 냥에 팔았던 조문형은 이후 2천 냥을 주기로 한 김익순이 어음 쪼가리 하나만 써 주고 도무지 소식이 없기 때문에 속았다고 생각하던 중이었다. 조문형은 이러다가 김익순이 도리어 자신을 역도라고 잡아 죽이면 어떡하나 하는 생각이 들어 안절부절 못하다 헐레벌떡 순무 중군 유효원의 막사로 달려 온 것이었다.

유효원이 몇 마디 엄포를 놓자 조문형은 자초지종을 털어놓고 말았다. 그리고 자신이 반군의 무리였던 것까지 모두 실토하고 말았다. 김삿갓의 조부 김익순의 부끄러움이 밝혀지는 순간으로 정월 25일의 일이었다.

노한 유효원은 즉각 김익순을 불러다 대질시켰다. 유효원은 조문형이 본래 도적의 무리이기는 하지만 자신의 상관 김창시를 배반한 것이 가증스러워 더욱 노여웠다. 또 김익순은 의리 없는 조문형보다 더 가증스러운 자였다.

유효원은 마침내 김익순과 조문형을 대역부도 죄로 처리하여 한양으로 압송하였고 한양에서는 현지 사령관 유효원의 장계대로 둘 다 참형에 처하고 말았다. 김익순은 응당 참해야 했지만 적장을 베어 오는 자라면 적이나 아군을 막론하고 후한 상을 주겠다는 임금의 소위 윤음은 지켜지지 않은 셈이었다.

한편 유효원이 새 사령관으로 왔어도 정주성은 쉽사리 떨어지지 않았다. 증강된 관군은 1만 명에 육박하였고 대군이 오래 주둔하자니, 군사들을 조련하고 또 여러 가지로 군량을 모으느라 부근의 백성은 괴로웠다.

고립무원의 정주성은 농성 4개월이 되어도 끄떡하지 않았고 홍경래 군은 불시에 남문 밖으로 나와 기습을 가하였다. 그들대로 활로를 뚫어 보려는 시도였으나 관군 쪽에서 성을 에워싼 것이 견고하여 피해만 입고 되쫓겨 들어갔다. 이럴 때면 관군에서도 여덟 군데에서 성을 파괴하려고 한꺼번에 공격하였고 심지어

굴토군掘土軍이라는 땅굴 부대를 만들어 성 밑을 파고 들어가며 한편으로는 큰 사다리를 가지고 성을 넘으려 하였다.

그러나 홍경래 군은 어느 틈에 알고서는 미처 피하지 못한 굴토군에게 총과 화살을 퍼부어 많은 사상자를 냈고 사다리로 넘으려던 군도 그대로 떨어져 죽는 자가 부지기수였다.

관군 측에서는 또한 함종 부사 윤욱렬, 순천 군수 오치수 등이 화공법火攻法을 써서 일제히 성 너머로 불을 던졌으나 아무 소용이 없었다. 때때로 반란군은 성문을 열고 나와 불의의 기습을 하였으므로 관군의 피해 또한 날로 늘어갔다.

3월이 되어 날이 따뜻해지자 정주성 안의 홍경래 군도 자웅을 결하고자 만반의 준비를 하였다. 군량미뿐 아니라 성중 백성들의 양식도 떨어졌기 때문에 그들은 이제 더 이상 농성 작전으로 버틸 수가 없었다. 이즈음 홍경래 군에게 번번이 피해를 본 관군의 새 주장 유효원이 조정으로부터 문책이 내려오자 초조한 나머지 홍경래의 고향 용강 고을에 가서 홍경래의 근친으로 남아 있는 당숙 홍성연洪聖淵을 잡아 들였다는 소식이 들어왔다. 관군은 그뿐 아니라 반군의 가족들에게 위해를 가하기 시작하였다.

전부터 홍이팔은 총력 기습으로 포위를 뚫고 한양까지 쳐들어갈 것을 주장하고 있었고, 신중론을 펴오던 홍경래도 이제 총력으로 결판을 낼 수밖에 없는 상황이 되었다.

마침내 선봉장 홍이팔은 총참모 우군칙과 함께 정병 5백을 거느리고 새벽에 서북문으로 달려 나갔다. 최초의 대규모 기습 작전으로 나온 홍이팔은 그 길로 함종 부사 윤욱렬이 있는 부대를 맹격하였다. 과연 홍이팔의 용맹은 당할 자가 없어 미친 황소같이 날뛰며 닥치는 대로 죽이니, 삽시간에 윤욱렬의 부대는 7명이 전사하고 130명이 부상하여 2백 명의 피해를 냈다. 관군 또한 곧 증원되어 홍이팔의 군 40명을 살해하고 4명의 생포자를 남겼고 홍이팔 군은 도로 성안으로 퇴각하였다. 게다가 반란군은 성중에 식량이 떨어져 가므로 주목적은 식량 탈취였다. 홍이팔은 관군 중에 가장 식량을 많이 가지고 있는 윤욱렬의 부대에서 상당한 식량을 탈취해 왔다. 홍이팔의 부대는 식량을 탈취해 오느라고 40명의 전사자와 4명의 포로를 남겼던 것이다.

이로써 관군은 사기가 떨어지고 성중의 반군은 용기를 얻었다. 우선 홍경래는 양식을 성안의 굶주린 부녀자 등 식솔들에게 나누어 주고 다시 대규모로 쳐들어갈 것을 공언하였다.

다음번에는 부원수 김사용이 북문을 열고 공격허 나아갔다. 이번에도 반군이 우세하여 상당한 전과를 거두는 중이었으나 김사용은 적탄에 맞아 중상을 입고 말았다. 그 바람에 반군은 수세에 몰려 쫓겨 들어오면서 상당한 피해를 입고 말았다. 며칠 뒤에는 홍이팔이 복수를 한다고 1천 명의 군대를 이끌고 북문을 열고 나가 의주의 의병장 허항과 맞싸웠다. 허항은 김사용에게 부상을 입힌 부대의 장수로 그를 보자 홍이팔은 그대로 적진 중으로 뚫고 들어가 어우러져 싸운 지 몇 합에 허항의 목을 쳐 버렸고, 관군이 혼비백산한 틈을 타서 양식을 빼앗아 돌아왔다.

그리고 또 며칠 뒤에는 반군의 대원수 홍경래가 직접 대군을 거느리고 동남문 밖으로 나가 관군을 엄습하였다. 선봉에 선 돌격 부대 6백 명은 홍이팔이 거느리고, 홍경래는 지원 부대 2천 명을 거느려 도합 2천6백의 병력으로 달려 나온 것이다.

그러나 이 대규모 공격은 바로 관군의 순영巡營 중군 이정회李鼎會와 박천 군수 이운식李運植이 거느린 부대의 포위를 당하면서 수적으로 월등히 우세한 관군의 집중하는 공격을 받으며 크게 불리해졌다.

최후를 맞이하는 홍경래 군

처음에는 엄습당한 관군이 어지러웠으나 전세가 역전되어 홍경래 군은 패퇴당하면서 흩어졌다. 반군은 도망가는데 성 안으로 향하지 않고 바깥 촌락으로 향하는 자가 많았으므로 순무 중군 유효원은 그들 중 몇 명을 생포하여 심문한 결과 성 안의 양식이 떨어졌음을 확실히 알게 되었다. 이제 성을 함락시키는 것은 시간 문제였다.

홍경래는 진퇴유곡에 빠졌다. 이대로 얼마나 더 버틸지 몰랐다. 우선 궁여지책으로 관군을 향하여 성중의 민간인은 무고한 사람들이니 내보내면 죽이지 않겠는가며 교섭을 하였다. 관군 측은 그들이 성안의 부족한 식량으로 하루라도 더 버티기 위함임을 알았으나 성중의 민심을 이완시키고자 즉시 교섭을 받아 들였다. 이에 그날로 여자 60여 명과 늙은이, 병자, 아이들을 내보냈다. 항복하면 죽이지 않는다는 말에 이때부터 성중에 있는 자들이 나오기 시작하였고, 그것은 군심軍心에 크게 영향을 주었다.

그리하여 마침내 1812년(순조 12) 4월 19일, 평안도 병마사 겸 순무 중군 유효원은 몰래 정주성의 북장대北將臺 밑을 파게 하였다. 성문이나 성 위로는 도저히 쳐들어 갈 수가 없었기에 관군은 밤낮을 가리지 않고 성을 파들어 갔고, 땅은 이미 녹아서 쉽게 파들어 갈수가 있었다.

마침내 성벽 밑까지 파들어 간 관군은 그 속에 화약 수천 근을 넣고 길게 화승火繩을 늘여 그 끝에 불을 붙였다.

화승이 다 타들어가면서 화약에 불이 붙었고 굉장한 소리와 함께 폭발하였다. 땅속에서 화약이 터졌으므로 부근의 성벽 수십 칸이 무너져 버렸고 동시에 관군은 무너진 북장대 높은 곳으로 둑이 터진 홍수같이 들이닥치면서 활을 쏘았다.

반군은 비록 적었으나 훈련이 잘되어 있었기에 즉각 대응해 나왔고 홍경래가 직접 진두지휘에 나섰다.

싸움은 막바지의 치열한 경지로 불을 뿜었고, 최후의 날이 온 것을 안 홍경래는 급히 장수들을 불러 모았다. 다시 거사할 사람은 살아남아야 하니 총참모 우군칙과 도총 이희저는 어서 북으로 달아나 후일을 기약할 것을 명하였다. 이 말을 들은 우군칙은 이의를 제기하며 홍경래도 함께 달아나 재기를 기약할 것을 요구하였다. 그러나 홍경래는

"내가 지금 살기를 기약한다면 서북 사람들의 얼굴을 다시 볼 수 없소. 어서 북으로 도망하여 우리 일이 여기서 끝나지 않도록 하시오."

명령하고 나서 어지러운 싸움터로 뛰어들었다. 옥쇄玉碎를 각오한 홍경래가 맹렬히 지휘하고 있을 때 적탄이 날아와 그의 가슴에 명중하였다. 그가 피를 뿜으며 쓰러지자 독전하던 선봉장 홍이팔이 달려와 붙들었으나

"…… 살아서 부디 후일을 기하라."

는 말을 마지막으로 남긴 채 숨을 거두고 말았다. 대원수를 잃은 홍경래 군은 그대로 넋이 나가 버렸고 싸울 의사를 잃고 모두가 목숨이라도 건져 보겠다며 두 손을 들었다.

이 최후의 결전에서 가장 결정적인 수훈을 세운 사람은 관군의 군기감 김치언金致彦이었다. 그의 폭파 작전이 주효한 덕분으로 반군의 선봉장 홍이팔을 위시하여 김이대 등을 모두 사로잡을 수 있었다.

포로 6천 명의 절반을 학살하다

성안에서 생포된 포로의 총 수효는 남녀를 합쳐서 6천 명이었다. 그중에 태반이 비전투원이었지만 홍경래를 지지하는 세력이 얼마나 컸던가를 가히 짐작케 하는 숫자였다.

관군의 주장인 유효원은 이들 6천 명 모두를 일단 적으로 간주하였다. 그리고 홍경래의 무리에 부화뇌동한 자들로 어쩔 수 없었던 정을 생각해서 항복하는 자는 살려 준다던 임금의 이른바 윤음은 묵살되었다. 괴수 홍경래가 죽고 적을 일망타진하였으니 이제 그런 사탕발림이나 미끼는 필요가 없어진 것이다.

유효원은 이들 6천 명을 남김없이 몰살시키고 싶었으나 그래도 자비를 베푼답시고 심사를 거치기로 하였다. 가마니를 검사하는 식의 주먹구구식 전쟁 범죄자 심리였다. 그리고 심리를 마치면 즉석에서 목을 베는 것이었다.

대상은 남자는 10세 이상이고 여자는 15세 이상이었으며 관군은 정주성 안에 있던 남성 1천917명, 여성 1천66명으로 도합 2천983명의 목을 베어 죽였다. 꼭 6천 명의 반을 죽인 것이다. 한자리에서 3천 명의 목숨을 없앴으며, 1천 명 이상의 여성을 전범이라고 목 베어 죽이는 짓은 사람의 가죽을 쓰고는 할 수가 없는 짓이었다. 더구나 관대하겠다던 임금의 윤음은 너무도 가볍게 사라지고 말았다.

평안도 사람들의 원혼이 얼마나 뼈에 사무쳤을 것인가. 그리고 조정에 대해 그처럼 사무친 원한을 품은 평안도 사람들이 곧 다음 세대에 천주교를 받아 들였던 것이 결코 우연이 아님을 알 수 있다.

평안도의 민심을 생각할 때 유효원의 천인공노할 만행은 그들을 같은 동포나 백성으로 만들지 않고 원수로 삼으려는 짓이었다. 그리고 그것은 바로 척족 세도 정권자들에 대한 소름끼치는 아부였다. 더구나 이들 3천 명의 목숨은 조정에서 알지도 못하는 사이에 즉결 처분으로 희생되었다.

한편 홍이팔, 김이대, 윤언섭 등 반란군의 장수 30여 명은 즉결하지 않고 한양으로 압송하였으며 반군의 하급 지휘자 1백여 명은 목을 잘라서 그 머리만을 한양으로 올려 보냈다.

조정은 반군의 장수 30명을 모조리 군기시 앞에서 목 잘라 내걸고, 특히 홍경래 등 몇몇의 목은 전국 8도에 돌려가며 보이게 하였다.

이렇게 하여 일세의 풍운아 홍경래는 33세의 나이로 그 웅지를 펴서 썩은 조선 조정을 바로잡아 새 나라를 세우겠다던 꿈을 펼치지 못한 채 죽었고, 그의 혁명도 실패하였다. 다만 피비린내가 너무도 무섭게 풍겼을 뿐이었다.

홍경래의 난 실패 이후의 변화

홍경래의 난은 비록 실패로 끝나고 말았지만 조선 사회에 큰 타격을 가하여 그 붕괴를 가속화시켰다. 홍경래는 조선 후기 사회가 가진 모순을 깊이 인식한 뒤 사회 변혁을 위하여 10여 년 동안 동지를 규합하고 치밀한 준비 끝에 거병하여 5개월간 평안도 일대를 휩쓸었다. 그러나 하층 농민들의 반봉건적인 거대한 힘과 절실한 이해를 흡수하여 대변하지 못한 인식의 한계, 그리고 당시의 사회적 제약으로 당시의 반란은 끝내 실패하였다.

홍경래는 죽은 뒤에도 여전히 살아 있는 존재로 민간의 의식 속에 남아 있었고, 홍경래의 난에서 부농과는 달리 소극적인 구실만을 담당했던 광범한 소농과 빈민층은 1862년(철종 13)의 임술민란壬戌民亂에서는 오히려 적극적인 주도층으로 성장해 나갔다. 또, 임술민란에서는 이씨 왕조에 대한 전면적인 부정과 새로운 정치체제가 구성되기 시작하였다. 비록 평안도 지방이 주요 무대였지만 동시에 도성에서 소론 박종일朴鍾— 을 중심으로 중인과 서얼 층이 연계하여 정권 탈취를 계획한 것이라든지, 기타 지역에서 일어난 농민층의 산발적인 소요는 같은 맥락 속에서 파악해야 할 것이다.

만일 임술민란이 성공하여 이때에 썩어 빠진 이씨 왕조가 망하고 강력한 권력 체제의 새로운 나라가 섰더라면, 이 나라는 격변의 19세기에 조선이 건국되던 시기와 같은 생명력으로 열강과 더불어 박진해 나갈 수도 있었을 것이다.

홍경래 군이 점거한 정주성을 치기 위해 동원된 관군은 8천797명이었으며 전사자는 장수가 17명, 병졸이 256명이었다. 군량미는 관군의 것만 5만6천70석이 소모되었고, 간장이 38석이 들어갔으며 홍경래 군에서 소모한 것까지 합치면 그 수효는 더욱 막대하였다.

이로써 매해 거듭된 흉년과 재변으로 궁핍한 백성의 생활만 더욱 어렵게 되었다. 결국 홍경래의 반란은 1811년 12월 14일에 기병하여 이듬해 1812년 4월 19일에 평정됨으로써 5개월 동안을 끈 셈이었다.

시류 속 우리네 세태

그동안 홍경래의 난으로 인해서 여러 일들이 많았고 이틈에 한몫 보려는 불평분자들이 여기에 편승하였다. 그뿐 아니라 시파로서 맥을 못 추게 된 남인 계열은 은근히 홍경래에게 큰 기대를 걸기까지 하였으며 일반 백성들 중에는 홍경래의 반란이 성공하기를 기대하는 수효가 그렇지 않은 백성들보다 더 많았다.

임금을 개탄하는 말들, 안동 김씨 세도가들을 비난하는 말들, 은언군恩彦君을 새 임금으로 세울 것이라는 소문이 줄을 이었고 포도청에서는 와언訛言의 출처를 알아낸다고 포졸들을 사방으로 풀었으나 소문의 출처를 확인할 수는 없었다.

정순 왕후 김씨의 세도 때에 강화도로 이주하였다가 억울하게 죽은 강화도의 은언군 인禑의 아들은 셋이었다. 맏아들 상계군常

은언군 인祵과 배 진천 송씨 합장 묘비 　전계 대원군 광壙 묘비, 경기도 포천시

溪君은 그보다 먼저 죽었고 둘째 아들 풍계군豊溪君은 양자로 출계하여 숙부인 은신군恩信君의 후사가 되었다. 셋째 아들 전계군全溪君 광壙은 강화에서 빈농으로서 어렵게 살고 있었다.

이럴 때에 평안도 영유永柔 사람 유한순兪漢淳은 홍경래의 부장인 소위 평서 부원수 김사용의 밀명을 띠고 공작 요원으로 몰래 한양에 나타났다.

그는 전부터 부랑자로서 한양의 사정에 밝았으며 그동안 불한당으로 붙들려 서해 백령도의 백령진白翎鎭에서 충군充軍되어 군사 노릇까지 한 자였다. 유한순은 청년 시절부터 기운깨나 썼으며 몇 사람씩 앞세울 만한 언변도 있었다. 게다가 군노軍奴 노릇을 해 본 까닭으로 군사상의 기밀을 짐작하였고 그런 자들과 함께 어울리는 일이 서툴지 않았다.

그리하여 유한순은 김사용의 밀명으로 한양에 와서 불평분자들을 규합하여 난리를 일으킬 심산이었다.

당시 한양에는 불평을 품은 자들이 많았는데 정권을 잡은 것은 안동 김씨로서 노론의 거물들이었으며 소론은 영조 때에 마지막으로 세력을 가진 뒤로는 아주 세력이 없어져 벼슬자리 하나도 똑똑히 못할 때였다.

한편 박문수朴文秀는 소론으로서 영조 때의 명신이었다. 특히

영조 어진

박문수 초상

암행어사로서 일화를 많이 남겨 더 유명한 인물인 그는 고령高靈 박씨 문중의 거물로서 영성군靈城君에까지 봉해졌다가 영조 중기에 죽었다. 그러나 그 후손들은 소론이라는 이유로 더욱 빛을 보지 못했고 한양에 살면서 근 70년 동안을 백두白頭로 지내는 상태였다. 재주가 없어서 과거는 못하고 게다가 소론이라서 음보蔭補로 발탁되지도 않았기 때문이었다.

박문수의 증손자인 박종일은 겨우 사옹원司饔院 봉사奉事로 있었는데 박문수의 직계 종손으로서 이것은 너무하다고 늘 한탄해 왔다. 그리고 불우한 처지를 항상 친구들에게 호소하였는데 친구인 이진채李振采는 그런 박종일을 영성군이라고 부르며 이런 기회에 일어나 보자고 농을 걸었다.

박종일이 말끝마다 증조부인 영성군 박문수의 자랑을 하므로 친구들은 그를 아예 영성군이라고 부른 것이다. 그러던 중 하루는 이진채가 박종일을 찾아와 정색을 하며 홍경래의 밀사가 한양에 들어와 강화도에 있는 은언군의 아들을 추대하려 한다는 말을 전하였다. 그 말에 금방 큰 수가 난 듯이 귀가 번쩍 뜨인 박종일은 지금 한양은 정주성에서의 싸움 때문에 군사들이 텅 비다시피 하였으니 기다릴 것 없이 당일이라도 궁궐로 뛰어 들어가 새 임금을 세우자는 급진적인 생각을 하였다.

그로부터 즉결론을 주장하는 박종일은 직접 유한순을 만나 보았다. 사옹원의 봉사이므로 궁중과 조정 사정에 밝은 박종일은 유한순에게 우선 민심부터 뒤흔들어야 한다고 권하며 여러 가지 선동적인 글을 써 주었다. 〈정통正統은 강화도에 있다. 현왕現王은 정통이 아니다.〉〈현왕은 박종경의 무리들이 만들어 놓은 참칭왕이다.〉〈세상이 흉흉하다. 천재지변이 나는 것은 정통의 왕을 내쫓은 때문이다.〉〈청북淸北에 이인이 나타났다. 미구에 입성하리니 백성들은 정성껏 맞이하라!〉 등의 벽서들이 새벽이면 도성의 각 대문에 나붙었다.

이러한 혼란 속에서 한몫 보겠다는 자로 고양高陽에 사는 천오장千五壯이라는 사람이 있었다. 천오장은 원래 고양 땅의 상놈으로 태어나 농사짓고 어렵게 살았다.

그런데 고양에는 왕실의 능陵이 많았기에 임금의 능행이 잦았다. 한번 능행이 거둥하는 날에는 길을 닦아라, 수행자들의 점심을 준비해 먹여라 하는 등의 부역과 추렴이 많아서 살 수 없을 지경이었다. 그밖에도 능을 수축修築한다느니 정자각丁字閣

정자각

을 수리하느니 할 때는 으레 돈이나 곡식을 내야 했으므로 살기 어려운 백성들은 더욱 살 수가 없어 유리하는 형편이었다. 천오장이 바로 그러한 자였다.

오장五班이라고 한자로 쓰면 그럴 듯한 이름이지만 그것은 오쟁이란 것을 한자로 표기한 것이고 사실 부르기는 오쟁이라 하였다. 즉 소금 오쟁이, 새우젓 오쟁이 하는 그릇의 이름이었다.

생활이 힘들어 고양 고을을 떠나 한양으로 올라온 오쟁이는 뚝심은 제법 센지라 부랑자로서 서대문 밖 모화관慕華館 파에 끼었다. 모화관 파는 서울의 불한당 패 중에서 제법 전통 있는 무리로 오쟁이는 거기에 끼어 있으면서 남을 등 처먹는 생활을 하고 있었다. 그러나 부랑 생활도 때를 만나면 먹기에 아무 부족이 없고 기생까지도 만질 수가 있지만 세월없을 때는 거지와 같이 떠돌아다니며 얻어먹는 꼴이었다.

흉년이 거듭되었으므로 오쟁이도 힘들기는 마찬가지였는데 이럴 때 홍경래의 난리가 일어났으므로 혼란 속에서 한몫 보겠다는 기대가 단단하였다. 그런데 또 강화도에 있는 은언군의 아들을 왕으로 내세운다는 소리가 들리자 은언군의 아들 전계군이 어떻게 생겼는지 알지도 못하면서 이 통에 자신이 왕족인 전계군 행세를 해보겠다고 나섰다. 이런 엉뚱한 마음을 먹은 천오장은 슬쩍 자신의 이름을 이인성李仁成이라고 고치고 제가 은언군의 아들이라고 하였다.

오쟁이의 부하들은 갑작스런 이 말에 얼떨떨하였으나 곧 그러마고 하였다. 그 후부터 오쟁이 이인성의 부하들은 하인으로 따라다니고, 천오장은 큰 갓에 도포를 입고 왕족 행세로 거드름을 피우며 다녔다. 또한 그러면서 천오장은 홍경래의 밀사인 유한순을 찾아갔다.

혼자 온 것도 아니고 몇몇 부랑배까지 데리고 대동한 것으로 보아 그가 가짜라는 것을 유한순은 대번 짐작하였으나 이와 같은 상황에서는 쓸모가 있을 것 같기에 유한순은 짐짓 속아 넘어가 주었다. 유한순이 치켜 주자 가짜 이인성은 제법 그럴싸하게 왕족인 체 거드름을 부렸다. 그러나 여러 날 먹어 보지 못한 판이라 배고픔은 말이 아니었고 그것을 눈치 챈 유한순이 곧 그들을 데리고 대갓집으로 가 대문을 두드렸다.

그러나 대갓집에서는 도리어 손을 휠휠 내저었다. 근래같이 왕손들이 수난을 당하는 세상에서 왕손을 잘못 대접ㅎ-였다가는 역모를 하였다는 죄로 자신들의 목숨이 안전하지 못하기 때문이었다.

이 시대의 왕족들이 더욱 비참한 것은 이 때문이었다. 가령 강화에서 왕족이 굶고 앉아 있다고 해 이웃에서 쌀가마라도 갖다 주었다간 그것이 혹 딴마음이 있어서 그런 것이 아니냐는 관가의 의혹을 사고 화를 입기가 십상이었다.

이것을 모른 채 왕족 행세를 하는 배를 졸라 맨 천오장은 할 수 없이 시골로 나갔다. 가까운 고양에는 아는 사람이 많으므로 양주楊州로 내려갔으나 이곳에서도 왕자라는 소리를 하면 모두가 고개를 저으며 문을 열어 주지 않았다. 간신히 쌀되나 얻어 내는 형편이었으나 그 정도로는 입에 풀칠도 어려울 만큼 배가 고팠으니 가짜 왕족 천오장은 도둑놈 인성이 되고 말았다.

홍경래의 밀정이라는 유한순도 별 재간 없이 천오장을 따라다녔는데, 도둑질을 한다는 데에는 뜻이 맞지 않았다. 그래서 유한순은 따로 헤어지고 천오장 혼자 유랑하던 중 강원도 쪽에서 도둑질을 하다가 잡히고 말았다. 지금의 김화金化 땅인 금성金城 고을에서였다.

잡히자 천오장은 자신이 왕족이라고 하면 그래도 시골 관원들이 떨 줄 알고 자기가 은언군의 아들 이인성이라고 큰소리치고 나섰다. 금성의 현감은 그가 정말로 은언군의 아들인 줄 알고 잘됐다 싶어 서울로 압송하고 공을 바랐다.

이에 조정에서는 강화도에 귀양 보낸 은언군의 아들이 나온 줄로 알고 야단이 났고, 곧 역적으로 몰아 의금부에 가두고 국문하였다.

천오장은 이왕 죽게 된 것, 끝까지 왕족으로서 죽고 싶었는지 자신의 본색을 밝히지 않았다. 그 바람에 한 사람 두 사람 관련자들이 잡히고 박종일과 이진채까지도 잡혀 들어왔다. 다만 유한순은 재빨리 피해서 잡히지 않았다.

이때는 2월로서 평안도 지방에서 싸움이 치열하던 때였다. 조정에서도 그야말로 술렁이고 제대로 정신이 없던 시기인지라 더 캐어 보지도 않고 그들 일당을 모조리 목 베어 도성 문 밖에다 내걸었다. 박문수의 증손자 박종일은 가짜 왕자인 천오장을 만나 본 일도 없이 잡혀서 그를 추대하려 했다는 죄로 목이 잘렸고, 이진채와 박종일의 친구들도 연루되어 처형되었다.

그러나 그보다 더 어이없는 일은 어떠한 영문도 모른 채 강화도에 있던 은언군의 아들 이해동李海東이었다. 이름이 광璜인 전계군은 아명이 해동이었는데, 이런 일이 생기자 말썽이 된 것으로 삼사三司에서 들고 일어나 이해동을 죽이라 한 것이다.

조정의 온건파와 임금은 이를 묵살하려 했지만 강경파들은 은언군의 유족마저 없애려는 구실로 삼았기 때문에 은언군의 자손들은 언제 죽음을 당할지 몰라 전전긍긍하며 불안 속에 지내야 했다. 왕족의 몰락은 이 무렵부터 극에 이르기 시작하여서, 왕의 자식으로 태어나려면 세자로 태어나야지 그 다음 왕자로 태어나는 것은 저주받아 태어난 것이라는 말들이 많았다. 딸로 태어나면 그래도 상관없지만 어쩔 수 없이 왕자로 태어났다면 미련한 숙맥이거나 반편이거나 아니면 폐인 같은 방랑자가 되어야 그나마 목숨은 부지하여 살 수 있었던 것이다. 섣불리 잘난 모습을 보이고 그럴싸하게 태어났다간 명대로 못 살고 죽는 경우가 많아 말마디 할 것 같은 왕족은 역적으로 몰아 죽이고 그대로 두지 않기 때문이었다.

한편 홍경래의 난이 근 반년 동안 이어지자 지방에 있는 토호와 불평이 있던 백성들은 저마다 한번 꿈만 잘 꾸면 천하를 얻어 볼 수 있겠다는 생각을 갖게 되었다.

벌써 홍경래 편은 천하를 얻은 듯 착각을 하고 있었던 것이다. 왕후장상王侯將相이 따로 있는 것이 아니라 누구든 저만 잘나면 세상을 쥐고 흔들 수 있다는 생각, 씨가 따로 있는 것이냐는 생각, 사람은 다 같은 사람이 아니냐는 생각이 말이 되어 떠돌 수 있는 상황이 된 것이다.

이러한 말들을 사람들은 공언하였고 이는 그와 같은 대중 사상이 만연되고 있었다는 증좌였다.

용인龍仁 땅에 사는 이응길李應吉이라는 대장장이는 동네에서

대장간을 경영하였으나 돈이 잘 들어오지 않자 불만이 컸다. 그렇다고 아무것도 없는 농민들을 탓할 수도 없었다. 어느 날 부근의 무뢰한 10여 명과 함께 술을 나누어 먹다 취하게 되자 큰 소리로 여러 사람을 선동하였다.

자신이 대장간을 하고 있으니 우선 여기서 총칼 등속을 만들어 용인읍, 양지읍 등을 습격하여 돈, 곡식, 의복, 소 등을 훔쳐다가 기금을 삼고 한양으로 쳐들어가는 것이 어떻겠냐 말하였고 술김에 모두가 의견이 모아졌다.

이로부터 이응길은 대장이 되고 그를 따르는 이들에게도 각기 감투를 하나씩 주었다. 아무개는 감사요, 아무개는 병사 또 누구는 군수니 하는 이름으로 부르고 쇠를 잔뜩 모으고 사람도 50명이나 모아서 병기 만들기에 열중하였다.

그러던 중 그의 부하 중에 최한갑崔漢甲이라는 자의 마음이 달라졌다. 딴엔 큰 공을 세울 양으로 관가에 가서 고발하였으나 관에서 곧 그들을 잡아다 조사해 보니 그저 취중에 한 소리였고, 구체적인 음모 계획은 없기에 다만 이응길 하나만을 역모 죄로 참형에 처하고 나머지는 모두 용서해 주었다. 농민들의 모반이 일어나려다가 만 것이었다.

남해 바다 제주에서는

그러나 제주도 땅의 모주謀主 양제해梁濟海는 이응길과는 달랐다. 남해 바다 위에 있는 제주도는 이때만 해도 절해의 고도로 생각될 때로 제주 목사는 늘 서울의 양반을 배경으로 한 육지의 사람들이 부임하여 내려와 다스렸다.

선량한 목민관이 내려와 잘 다스리는 때는 아무 탈이 없었지만 이즈음에는 그런 사람이 드물었다. 애초부터 오붓한 곳으로 등 쳐먹어도 별 탈 없는 외딴섬이므로 처음부터 갈취 자루를 단단히 쥐고 내려와 긁어 들이는 자들이 대개였다. 당시의 제주 목사 김수기金守基도 그러한 부류로서 부임 초부터 백성들을 괴롭혔다.

홍경래의 난은 일단 진압이 되었으나 아직도 전국의 민심은 가라앉은 것이 아니었다.

제주도는 전부터 고高, 양梁, 부夫 3개의 성씨가 토호로서 민중 가운데 은연한 세력을 쥐고 있었는데 그중 양제해梁濟海는 제주의 중면中面에서 누대를 살아 근처 주민들에게 신망을 얻고 있었다.

서울에서 내려온 목사 김수기는 제주도의 명물인 귤과 전복을 좋아하였으며 또 이것을 서울에 가져다가 대관들에게 바쳐 자신의 승진을 도모하려고 하였다. 그중에도 전복은 생것이건 마른 것이건 다 진귀하므로 으레 내려오는 목사마다 그것을 노략질해

가듯이 하였다.

이러한 실정에 양제해는 매우 불만을 품고 개탄하며 말하였다.

"옛 세종대왕 때에 기건奇虔이라는 사람은 제주 목사로 왔을 때, 해녀들이 물속에 들어가 전복을 따오는 것을 보고 너무도 측은히 생각하여 이로부터 전복을 자신에게 바치지 말라 하고 일체 전복을 먹지 않았다고 하는데 지금 목사는 전복만 바치라고 하니 백성들이 살 수가 있나."

그 집에 드나들던 문객 윤광종尹光宗은 이 말에 맞장구를 치며 기건을 부추겼고 양제해도 은연중에 자신이 목사의 자리에 앉아 보고 싶다는 생각을 토로하였다.

사실 양제해는 이곳의 풍헌風憲으로서 글도 곧잘 하고 지방 사

기건의 묘소, 경기도 고양시

람들을 잘 인도하여 호평을 받고 있었다. 풍헌이란 이조 때의 향직鄕職으로서 면面과 리里의 일을 맡아보는 사람이었다. 지금의 시골 이장과 비슷한 것이라 할 수 있는데 그 지방 사람 중에서 양반이 하는 것으로 때로는 목사의 자문에 응하기도 하고 고문 노릇도 하였다.

양제해는 때때로 제주읍으로 들어가 목사에게 맞대놓고 바른 소리를 할 수 있는 정도였고 제주의 관아들이 지나치게 사욕만을 채우므로 마침내 양제해도 관에 반항할 뜻이 생기기 시작하였다.

어느 날 이런 생각으로 집에 돌아온 양제해는 자신의 일족을 모아 놓고 한마디 하였다.

"지난해에 관서 지방에서 홍경래라는 비범한 인물이 나와 나라를 구제하려다가 실패하였다. 이 사람은 자기네 고장인 서북 지방을 한양 사람들이 와서 잘못 다스린다고 해 들고 일어났던 것이 아닌가?"

벼슬자리의 인물들이 하는 행태는 뻔한 것이어서 일가의 뜻은 그 자리에서 쉽게 합하여졌고 양제해는 고씨와 부씨네 집안에도 동의를 구하였다.

당시 제주도는 목사가 방어사防禦使를 겸하였고 병마절제사兵馬節制使는 따로 있었으나 실제로는 방어사를 겸한 목사가 병권을 쥐고 있었다. 그리고 그 밑에 판관判官과 교수教授가 있고 제주목牧에 붙어 있는 정의旌義와 대정大靜 두 고을이 있어 각각 현감을 두어 다스렸으며 그밖에 제주 진관鎭管이 있어서 우두머리 자리는 모두가 한양에서 내려온 양반들 차지였다. 때로 교수 자리는 제주 사람을 시키는 수도 있었으므로 교수만을 빼고는 전부가 한양에서 온 사람들이었다.

이리하여 양제해는 장차 난을 일으켜 목사, 병가절제사, 수군절제사, 판관 등을 없애고 제주인들이 자리를 장악할 계획을 세우고 있었다. 그것은 어찌 보면 홍경래의 정신을 계승하는 것과 같기도 하였다.

그는 평안도 가산에서 홍경래가 일어났던 것을 모방하여, 마침내 1813년(순조 13) 11월에 자신의 집에 제주 내의 각 씨족 대표들을 모아 놓고 일대 선동 연설을 하였다.

마침내 합의가 이루어졌다. 그들은 한밤에 관가를 습격하여 관원 4명을 죽이고, 제주도에서 육지로 나가는 배는 막고 육지에서 오는 배에서는 재물을 탈취하기로 하였다. 그리고 그 배는 바다에 가라앉혀 육지로 갈 수 있는 길을 모두 막아버리면 조정에서도 어찌할 수 없을 것이며, 그렇게 되면 제주 백성들끼리 영원토록 편안한 삶을 살게 될 것이라는 구체적인 실행 계획을 세웠다.

그들은 병기는 물론 장기전에 대항하기 위한 군량미까지 넉넉히 준비해 두었다.

이들은 12월 16일 밤 제주의 옛 주성州城과 대정大靜, 정의旌義 등지에서 함께 거사를 일으키기로 하였다. 그러나 거사 며칠 전 양인良人 윤광종의 밀고로 제주 목사 김수기가 가담자 50여 명을 모두 잡아들이고 말았다. 양제해는 탈옥해서 도망가다 붙잡혀 곤장에 맞아 죽었고 이 일은 결국 조정에 보고되었다.

조정에서는 제주 찰리사察理使 이재수李在秀를 파견하여 관리들의 잘못을 확인하였다. 그 후 민란에 가담한 정도에 따라 고덕호와 양제해의 아들 양일회는 참형에 처해 효수되고 김익강, 김창서金昌瑞, 양인복梁仁福 등은 외딴 섬에 유배되었으며, 백성들을 괴롭혀온 전 목사 이현택李顯宅 또한 유배되었다.

난 진압 후의 논공행상 행태

한편 이때는 홍경래의 난에 대한 진압이 완전히 끝난 상태였다. 정주성에서 홍경래가 달아나 후일을 기하라는 명령을 내림에 따라 성을 빠져나갔던 김사용, 우군칙, 이희저마저 재기에 실패하여 토벌당한 이후였다.

5월 6일에 순무 중군 겸 평안도 병마절도사 유효원은 반년 동안 전국을 공포에 몰아넣었던 홍경래의 난을 평정한 개선장군으로서 보무도 당당히 한양에 입성하였다.

온 장안의 백성들이 쏟아져 나와 무악재를 넘어 홍제원까지 연도를 메웠고 서대문에서 광화문 육조 거리에 이르기까지 흰 베가 길에 쫙 깔려 있어서 그야말로 장관의 대환영이었다.

그러한 북새통을 개선장군 유효원이 은안銀鞍의 백마에 높이 타고 나타나 행군하였다. 광화문 앞에는 순조가 나와 그를 맞이하기 위한 임어대臨御臺가 마련되었고 유효원이 장병과 함께 도착하자 환영 의식이 행해졌다. 여기서 의식의 하나로 헌괵지례獻馘之禮가 행해졌다. 헌괵이란 임금의 어전에 적장의 목을 올리는 의식으로 유효원은 김사용, 우군칙, 이희저의 목을 임금께 올렸다. 그리고 유효원에게 주어졌던 부월은 회수되었다.

순조는 그의 공을 높이 치하하여 황금으로 장식된 보검 한 자루를 하사하고, 우포도대장右捕盜大將의 직을 내렸다.

그러나 유효원의 관운은 억세게 좋은 편은 아니었다. 곧 정주성을 함락하고 근 3천 명의 남녀를 무차별 학살한 것이 조정에서 문제가 된 것이다. 또 실질적으로 고생을 한 것은 박기풍이고 뒤에 가서 열매만 딴 것이 유효원이라는 비난도 있었다. 결국 삼사의 탄핵으로 유효원은 파직되고 다시는 관계에 들어오지 못하다가 2년 뒤에 죽고 말았다.

한편 6월이 되자 홍경래의 난을 평정한 사람들의 본격적인 논공행상論功行賞이 벌어졌다. 싸움터에 나갔다 돌아온 사람들은 저마다 공신이라고 나섰고 그중에 가짜 의사義士도 생기게 되었다. 문영기文榮基라는 자는 선천에 사는 자로서 그곳 향교 교생校生이었다. 그런데 선천이 함락될 때에 홍경래 군에게 반항하여 싸우다가 피살되었다는 보고가 올라왔다. 모두가 반군에게 항복하는 중에 서북인으로서 가상하다 하여, 조정에서는 그에게 선천 방어사의 벼슬을 추증하고 다시 증직하여 평안도 병마절도사로 증직하였다. 그러나 아무래도 이상하게 생각된 조정에서 조사해 보니 문영기는 반군에게 반항은커녕 미리부터 내통하였고, 또 반군에게 군량미까지 헌납하여 중군中軍의 직임까지 받았던 자였다.

그러던 중에 병이 나서 죽었던 것인데 이것을 지방관이 그럴듯하게 보고하여 병마사까지 내리게 하였으니, 당시의 엉터리 행정이 어느 정도인가를 알 만한 씁쓸한 일화이다. 그러므로 문영기는 양쪽에서 벼슬이 마구 쏟아진 셈이 되었다.

세자로 책봉되는 4세의 원자

홍경래의 난으로 한때는 간이 콩알만 해졌던 국구 김조순은 이 제 한숨은 돌렸으나 그래도 혹시 자신의 지위가 어떻게 되는 것이 아닌가 하여 걱정이었다.

이번 홍경래가 내건 구호가 김조순 자신과 왕의 외삼촌인 박종경을 주멸한다는 것이었고, 온 백성의 지탄을 자신들이 받고 있다는 사실은 그들도 알고 있었다. 자신의 자리가 불안해질까 좌불안석이 된 김조순은 사위인 순조에게 원자를 서자로 책봉하는 것이 좋을 것 같다고 주상하였다. 자신의 외손자를 어서 세자로 삼으라는 것인데 원자는 3년 전 8월생이니 만으로 세 살에서 한 달이 빠지는 나이에 불과했다.

그러나 순조는 김조순의 뜻에 반할 힘이 있는 임금이 아니었고, 왕실의 기반을 더욱 튼튼히 하고 왕의 존엄에도 크게 이익이 되시리라는 말이 그럴 듯하게 여겨졌다. 그리하여 순조는 반심을 품고 있는

창덕궁 인정전

백성에게 왕의 위엄을 과시하고 또한 튼튼한 후사가 건재하여 왕통에 변동이 있을 수 없이 견고하다는 사실을 보이기 위해 원자를 세자로 책봉키로 하였다.

1812년(순조 12) 7월 6일 창덕궁 인정전仁政殿에서 세자 책봉 의식이 행해졌다. 이제 겨우 네 살로 말도 잘 못하는 아기가 세자로 책봉된 것이다. 하기야 숙종 때에 장희빈의 아들 경종景宗이 이보다 어려서 세자로 책봉된 것에 비교하면 아무런 무리도 아니었다.

천재지변은 그칠 줄 모르고

그해가 가고 1814년(순조 14) 갑술년이 들어서면서 가뭄이 심해지더니 경향 각처에 봄부터 도적이 횡행하였다. 이 도적들은 모두먹기 떼의 하나로서 백주에 남의 곡식과 돈을 강탈하고, 만일 집주인이 내주지 않으면 밤에 그 집에 와서 불을 놓고 달아나는 자들이었다.

이러한 자들이 한양으로 모여들어 거리에 횡행하였고 포도청에서는 기민饑民이라 하여 체포하는 것마저 포기하였다. 이에 선민善民들은 포도청이 아니라 양도청養盜廳이라고 하면서 불평했으나 포도청으로서도 그 많은 걸인들을 다 잡아 들여 수용할 도리가 없으니 속수무책이었다. 그런데 사대부라는 자들이 여기에 편승하여 그들과 결탁하는가 하면 뒤에서 후원하 주며 무위도식 하는 무리가 많아졌다.

기사己巳년인 1809년(순조 9)에도 초여름에 비가 내리지 않아 농작물뿐 아니라 초목까지 타들어 간 일이 있었고 순조는 기우제 를 지낸다고 남단에 나가 하늘에 비는 것이 일과 같았다.

그러던 것이 1814년에는 가뭄 외의 기상 이변이 더해져 야단 이었다. 5월 20일 황해도 황주 땅에서는 난데없이 밤알만큼 한 우박이 마구 내려 사람들은 모두 집안으로 피하고, 얼음덩이는 반 자나 되는 두께로 내리덮였다. 사방의 폭은 50리에 길이가 7, 8리에 걸쳐서 이러한 우박이 쏟아져 내린 것이다.

해마다 계속되는 천재지변에 기가 질린 황주의 벅성들은 마침내 딴 곳으로 이사를 가야 겠다고 봇짐을 싸기 시작했다. 그도 그럴 것 이 비 한 방을 내리지 않아 초목이 타 죽다가 난데없는 우박이 반 자가량이나 내리 쏟아져 남은 작물을 타작해 버리니 그럴 만도 하 였다.

이 소식이 전해지자 조정에서도 놀라 순조는 대신들을 불러들 이고 황해 감사의 장계를 내보였다.

자신의 덕이 없어 이런 일이 끝없이 생기는 것이 아니냐며 탄식하는 순조에게 대신들은 또다시 어느 임금 때에나 있었던 일로 전하의 성덕과 관계있는 일이 아니니 심려 말라며 위로하였다.

조금 마음이 놓인 순조는 곧 황주 고을 백성들을 구휼하라 이르고 안돈케 하였으며, 왕비 김씨도 내탕금內帑金에서 은자 3천 냥을 내어 그곳 사람들에게 나누어 주게 하였다. 이것은 곧 재해 의연금을 내는 시범이 되어 예조판서 박종래朴宗來는 바로 그 뒤를 이어 쌀 50석에 엽전 3백 냥, 옷가지 10점을 내놓았고, 곧 한양의 진휼도감賑恤都監에서는 이같이 답지하는 의연 금품을 모아 황주 현지로 그달 29일에 내려 보냈다. 진휼도감은 재해대책본부와 같은 것으로 이곳에서는 황주 고을을 비롯한 황해도 32개 읍에 기민 대상을 약 30만9천940명으로 잡아 쌀 1만2천58석에 돈 7만8천950냥을 보냈다.

겨우 황해도의 재난이 진정될 만하였으나 이것으로 재앙은 끝이 난 것이 아니었다. 6월 하순이 되자 함경도 산악 지대와 두만강 하류 지대에 폭우가 퍼부어 평지가 전부 바다로 변하였으며 곡식은 물에 쓸려 내려가 1백여 리가 모두 황무지로 변하였다. 백성들은 모든 터전을 잃고 살아남은 가족들을 부둥켜안은 채 하늘만 원망할 뿐이었다.

7월로 접어들면서 폭우는 한양에도 퍼부어 5부의 민가 480여

호가 파괴되었고 수천 명의 이재민이 길거리에서 방황하였다.

그뿐 아니라 경상도의 각지에서도 수해가 심하여 민가 5천6백여 호가 떠내려가는 등 이루 말할 수 없는 피해가 났다. 농번기석 달 동안이 가물어 작물을 염천 속에서 태우고 말았는데 또 이렇게 폭우가 쏟아져 다 쓸어갔으니 참혹한 형상은 이루 말할 수 없었다.

1809년 이후 6년 동안 거의 해마다 홍수와 가뭄이 계속되어 사람들은 사경에서 굶주리며 헤맸다. 그나마 일부 지역에서는 풍년이 들었으나 그곳도 나라에서 재민 구제 미곡을 내라는 통에 삶에 허덕이고 있었다. 재난을 만난 동포들이 한편에서 굶으니 풍년 든 지방의 사람들이 구호미를 내어 돕는 것은 마땅하였으나 풍족한 사람이 많지 않았으니 부작용이 없을 수 없었다.

수령들은

"구제미를 내지 않으면 모두먹기 떼를 이곳으로 부를 도리밖에 없다. 구제미를 내는 것은 모두먹기들의 침범을 방지하고 덤비지 않도록 하는 방편이다."

하며 반 위협조로 나왔기에 백성들은 울며 겨자 먹기로 곡식을 내야만 했다. 그렇게 하여 구제미를 잘 내는 사람에게는 공명첩空名帖이라는 상을 주었다.

공명첩이란 명예직의 벼슬을 주는 것이었는데, 이때 지방의 농민들로 곡식을 낸 사람들은 너나 할 것 없이 주사主事나 참봉參奉이었다. 그리하여 심지어,

"가가家家에 주사요, 인인人人에 참봉이다."

하는 말이 유행할 지경이었다. 집집마다 주사이고 사람마다 참봉이라는 소리였다.

백성의 삶에 오불관언吾不關焉인 위정자들

한편 묘당廟堂에서는 연일 의정 대신들이 모여 계속되는 가뭄과 홍수의 대책을 강구하였다. 이 자리에서 영의정 김재찬은 가뭄에 대한 대책으로 모를 내지 말아야 한다는 주장을 폈다.

"농민들이 이앙移秧을 많이 하는 까닭에 가뭄의 피해가 심해지는 것입니다. 전에는 우리나라 농민들은 이앙을 하지 않고 볍씨를 봄에 논밭에다 직접 뿌려서 그것을 그대로 가꾸어 추수하였습니다. 즉 건파乾播를 한 것이오. 이 건파는 비가 아니 와도 죽지 않고 내성이 강하여 잘되는 것입니다."

요즘으로 치면 이른바 건답 직파乾畓直播 재배를 말하는 것으로 이것은 영농의 발전을 퇴화시키는 소리였다.

좌의정 한용구韓用龜는 건파는 소출이 적어 백성들이 모내기를 시작한 것인데 가뭄이 무서워 소출이 3분의 1밖에 안 되는 건파를 다시 시킨다는 것은 말이 안 되는 소리라며 반대했다. 한용구는 수리水利 시설을 하여 한발에 대처해야 한다고 주장하였고 우의정 김사목金思穆도 동의하였다. 인조 때부터 수차水車를 이용하여 관개를 하고 농사를 짓도록 권장했으나 지방의 수령들이 이를 적극 장려하지 않아 실효를 보지 못한 것이므로 수령들을 독려하여 수리를 이용한 농사에 힘쓰도록 해야 한다는 것이었다.

그러나 김재찬은 자신의 주장을 굽히지 않고 건파를 장려케 하라고 고집하였고, 조정에서는 가뭄에 대비하여 건파를 장려하라는 명령이 각 지방으로 내려갔다.

농민들은 이 소리에 콧방귀를 뀌었다. 건파란 봄에 물이 없어서 못자리를 할 수 없을 때에 부득이 하는 일이지 정상적인 작업은 아니기 때문이었다. 그리고 논에는 항상 물을 가득히 가두어 두었다가 하지夏至 안으로 모를 옮겨 심어서 재배하면 소출이 건파의 3배 이상으로 나온다는 사실을 아는 까닭에 농민들은 들은 척도 아니하였다.

어느 해이고 모를 낸 다음에 가뭄과 홍수가 나서 망하는 것이지, 모를 내고 안내는 데에는 아무 상관이 없었던 것이다. 그런 것을 가지고 묘당에 앉은 대신들은 모를 내니까 가문다는 식의 이론으로써, 모를 내지 말고 건파를 하라고 명령하는 것이니 농민들의 삶을 몰라도 너무 모르는 일이었다.

농민들은 봄에 씨만 뿌려 놓으면 가을에 저절로 쌀이 되어 나오는 줄로 아는 모양이라며 빈정거리며 탄식하였다.

홍경래의 난리도 사실은 서북인 차별 대우에 대한 반항이기도 했지만 대표적인 농민반란이었다. 그렇거늘 위정자들은 그 원인을 분석하고 이를 시정할 생각은 추호도 아니하였다.

땅에 뿌리를 내리고 사는 농민들의 삶을 알려고도 이해하려고도 하지 않는 그런 생각 때문에 정주성의 3천 남녀를 몰살시키는 잔악한 짓을 할 수 있었을 것이다. 농민의 곤궁은 극심하였건만 미련한 세도 권력가들은 그것에는 오불관언吾不關焉이었다.

농촌의 어느 고을에서는 백성들이 살 수가 없어서 한 고을 전체가 집도 터도 버리고 유랑해 버리는 곳도 있었으며 또한 고을의 사람 사는 호수戶數가 10호 미만인 곳도 생겼다. 그런 마을에서는 나머지 10호마저도 살 수 없을 지경이 되는 것이었다.

그런 곳은 연년의 흉년으로 세금을 받을 수가 없게 되니 관아의 비용이 염출되지 않았고, 그 고을에서 나와야 할 세금의 한도액을 남은 백성에게 물리니 중세重稅에 억압된 농민은 그나마 다른 곳으로 떠나야 하는 상황으로 내몰렸다.

그 바람에 옥야沃野는 황토荒土가 되고 잡초가 무성해서 다시 개간해야 할 땅으로 변했다.

그런데도 김조순, 박종경 등 세도 무리의 배경을 타고 내려온 수령 방백들은 마을의 남은 이들에게 조세의 책임량으로 군포, 어세漁稅, 환곡還穀의 가중과 호역戶役의 부담을 강제하고 또 그 외에도 사사로이 요구하여 제 사복을 채우는 것이었다.

그러면서 한 사람이 열 사람 이상의 몫까지 세금으로 무는 족징族徵과 인징人徵의 법까지 있어 농민들은 끝내 유랑하고 마는 것이었다.

이러한 고통 속에서 사는 백성들이 결국 불평을 폭발시켜 도둑의 떼로 변하거나 반란을 일으키는 것은 결코 가볍게 벌어지는 일이 아니었다. 이것은 우리나라가 삼정이 극도로 문란하고 척족의 세도 정권에 의해서 만신창이로 망하기 시작하던 19세기 초의 극단적 현상이었다.

김병연,
삶을
작품으로
말하다

방랑의 길로 들어선 김삿갓

김병연이 홍경래의 난에서 부끄러운 행동을 보인 김익순을 비난하였으나 그는 바로 자신의 조부였다. 부조리한 세상에서 자신이 비난받아 마땅하다고 생각했던 사람이 자신의 가까운 피붙이였다는 사실, 그리고 그 일로 인하여 사대부인 자신들이 외진 곳에서 숨어 살아야 했다는 사실이 김병연의 온몸으로 전해졌을 것이다. 스무 살의 김병연이 느낀 세상은 모순 덩어리였는지 모른다.

이후 김병연은 삿갓에 몸을 의지한 채 전국 방방곡곡을 돌며 양반들의 잘못된 생활상과 빈곤했던 하층민들의 애환을 글로 옮기며 풍자와 해학으로 퇴폐되어가는 세상을 개탄, 저주, 조소하는 기발한 시구를 가는 곳마다 쏟아놓았다.

당대의 문장가나 풍류객치고 명산대천을 유람하지 않은 사람은 없을 것이나, 대개는 심신의 피로를 풀고 낭만을 즐기기 위한 방랑일 뿐이었다. 하지만 하늘을 가린 삿갓을 쓰고 지팡이를 쥔 김삿갓에게는 속죄의 방랑길이었으며, 산새 소리만이 깊은 슬픔을 달래주는 번뇌의 나그네 길이었다.

김병연의 일생은 그가 남긴 작품이 고스란히 말해 준다고 할 수 있을 것이다.

삿갓을 쓴 김삿갓은 금강산 유람을 시작으로 각지의 서당을 주로 전전하며 온 나라를 주유천하하였다. 또 어느 때는 무일푼의 거지 신세로 문전걸식을 하거나 시 한 수로 푸짐한 술상을 받기도 했으며 때로는 도적으로 몰려 곤혹을 치르거나 주린 배를 움켜쥔 채 헛간에서 잠을 자기도 했다.

방랑을 시작한 지 4년 뒤에는 귀향하여 1년 남짓 묵으며 둘째 아들 익균翼均을 낳았으나 또다시 고향을 떠나고 만다.

오랜 세월을 두고 서러운 방랑의 동반자는 역시 삿갓뿐이었다. 삿갓은 햇볕을 가려주고 비가 오면 비옷이 되었으며 부끄러운 하늘까지 가려주었다.

咏笠 영립

浮浮我笠等虛舟 부부아립등허주
一着平生四十秋 일착평생사십추
牧豎輕裝隨野犢 목수경장수야독
漁翁本色伴沙鷗 어옹본색반사구
醉來脫掛看花樹 취래탈괘간화수
興到携登翫月樓 흥도휴등완월루
俗子衣冠皆外飾 속자의관개외식

滿天風雨獨無愁 만천풍우독무수

삿갓을 노래하다

떠도는 내 삿갓 정처 없는 빈 배와 같아
어느덧 사십 평생을 함께 떠도네.
목동의 홀가분한 행장으로 송아지 몰며
늙은 어부 갈매기와 벗할 때 모습이네.
취하면 나무에 걸어 놓고 꽃구경하고
흥이 일면 벗어 들고 다락서 달구경하네.
속인들의 의관은 겉치레지만
비바람 가득해도 걱정 없기는 삿갓 때문이네.

금강산의 풍광을 뒤로 하고

금강산 일만이천 봉은 산세도 웅장하거니와 기묘해 제대로 둘러보려면 몇 년이 걸릴 것이다. 그래서 철따라 이름을 바꾸어 봄에는 금강산, 여름은 봉래산, 가을에는 풍악산, 겨울은 개골산으로 불렀다. 계곡을 흘러내리는 맑은 물은 속세에 찌든 몸과 정신

금강산 시승과 김삿갓의 만남, 강원도 영월군

까지 맑게 해 주고, 구름이 감도는 암자에는 독경 소리가 끊이질 않았다.

　어느 날 김삿갓은 입석봉 아래에 사는 시 잘 짓는 스님을 찾아갔다. 그 스님은 성격이 괴팍하여 시를 짓다가 지게 되면 상대의 이를 여지없이 뽑았다고 한다. 지금까지 한 번도 져 본 일이 없던 고승은 드디어 김삿갓과 한판 내기를 하게 된다.

　만일 김삿갓이 지면 이를 뽑히고 스님이 지면 무한정 숙식을 제공하기로 하였다. 그리하여 금강산에 대해 스님이 먼저 읊고 김병연이 대구를 읊은 식으로 모두 16구를 지었는데, 절묘한 스님의 시도 놀랍지만 구마다 묘한 대구를 하는 김삿갓의 재주는 범인의 경지를 훌쩍 뛰어넘은 것이다.

시승詩僧과 함께 짓다1

승僧 朝登立石雲生足 조등입석운생족
병연 暮飮黃泉月掛脣 모음황천월괘순
승 潤松南臥知北風 윤송남와지북풍
병연 軒竹東傾覺日西 헌죽동경각일서

승 아침에 입석봉을 오르니 구름이 발밑에서 일고
병연 저녁에 샘물을 마시니 달이 입술에 걸리는구나.
승 시냇가 소나무가 남쪽으로 누우니 북풍 심한 줄 알고
병연 대나무 그림자 동쪽으로 기우니 석양임을 알 수 있다.

산 밑을 떠도는 구름을 보고 스님이 일침을 가하자 김삿갓이 실감 나는 대구로 거침없이 받아치고, 다시 스님이 자연의 오묘

한 이치로 공격을 하니 김삿갓은 더 뛰어난 시구로 막힘없이 받아친다.

시승과 함께 짓다 2

승　絶壁雖危花笑효 절벽수위화소립

병연　陽春最好鳥啼歸 양춘최호조제귀

승　天上白雲明日雨 천상백운명일우

병연　岩間落葉去年秋 암간낙엽거년추

승　깎아지른 절벽은 위태로우나 꽃은 태연히 웃고 있고

병연　봄볕은 더없이 좋아도 새는 울며 돌아가네.

승　하늘 위에 흰 구름은 내일 비를 예고하고

병연　바위틈 낙엽은 올 가을도 지나감을 알려 주네.

실로 창과 방패의 싸움이다. 한쪽이 찌르면 한쪽이 받아치니 깊은 산속에서 때아닌 불꽃 튀는 설전이 벌어졌을 것이다.

시승과 함께 짓다 3

승 　兩姓作配己酉日最吉 양성작배기유일최길

병연 半夜生孩玄子時難分 반야생해현자시난분

승 　影浸綠水衣無濕 　영침녹수의무습

병연 夢踏靑山脚不苦 　몽답청산각불고

승 　남녀가 짝을 지으려면 기유일이 가장 좋고

병연 야밤에 아이를 낳으려면 해시가 가장 어렵도다.

승 　그림자가 푸른 물에 잠겼으나 옷은 젖지 않고

병연 꿈속에 청산을 걸었으나 다리는 아프지 않네.

　김삿갓의 대구에 시흥이 돋은 스님이 환희에 찬 소리를 지른
다. 기유己酉는 '배필배配' 자의 파자破子이고 현자玄子는 '아이해
孩' 자의 파자이니 절묘한 응수가 아닐 수 없다.

　말이 떨어지기 무섭게 되받아치는 김삿갓의 재주에 스님은 분
명 혀를 내둘렀을 것이다.

시승과 함께 짓다 4

승   群鴉影裡千家夕 군아영리천가석
병연 一雁聲中四海秋 일안성중사해추
승   假僧木折月影軒 가승목절월영헌
병연 眞婦菜美山姙春 진부채미산임춘

승   떼 까마귀 나는 그림자 아래 모든 집은 저물어 가고
병연 외기러기 우는 소리에 온 세상은 가을이더라.
승   가승나무 부러짐에 달그림자 난간에 어리고
병연 참미나리 맛이 좋아 산은 봄을 잉태했도다.

    스님이 김삿갓을 곯려 주려고 '가승나무(가승목假僧木)' 라는 말
을 썼다. 그러나 그 대구로 '참미나리(진부채眞婦菜)'로서 응수한
김삿갓은 과연 시선詩仙이다.

시승과 함께 짓다 5

승   石轉千年方倒地 석전천년방도지

병연 峰高一尺敢摩天 봉고일척감마천

승   靑山買得雲空得 청산매득운공득

병연 白水臨來魚自來 백수임래어자래

승   산 위에 돌은 천년을 굴러야 땅에 닿을 듯하고

병연 봉우리 한 자만 더 높았더라면 하늘에 닿았을 것을.

승   청산을 사들이니 구름은 공짜로 따라오고

병연 맑은 물 끌어오니 고기는 스스로 따라오네.

스님이 산이 높다는 표현으로 산 위의 돌이 천 년을 굴러야 땅에 닿겠다고 하자, 김삿갓이 봉우리가 한 자만 더 높았더라면 하늘에 닿을 뻔했다고 응수한 역시 절묘한 시이다.

시승과 함께 짓다6

승   秋雲萬里魚鱗白 추운만리어린백

병연 枯木千年鹿角高 고목천년녹각고

승   雲從樵兒頭上起 운종초아두상기

병연 山入漂娥手裡鳴 산입표아수리명

승   만 리나 뻗은 가을 하늘 구름은 고기의 흰 비늘 같고

병연 천년이나 묵은 고목은 사슴뿔처럼 높도다.

승   구름은 나무하는 아이 머리 위에서 일고

병연 산은 빨래하는 아낙네 방망이 쥔 손에서 우는구나.

특히나 이 시는 너무도 완벽한 대구를 구사했다고 하겠다. 추운秋雲과 고목枯木, 만리萬里와 천년千年, 어린魚鱗과 녹각鹿角, 백白과 고高의 대구에 감탄만 나올 뿐이다. 두 사람은 밤이 깊어 가는 줄도 모르고 시 삼매경에 빠져 서로의 재능을 뽐내며 신나지 않았을까.

시승과 함께 짓다 7

승   登山鳥菜羹   등산조래갱

병연 臨海魚草餠   임해어초병

승   水作銀杵舂絶壁 수작은저용절벽

병연 雲爲玉尺度靑山 운위옥척도청산

승   산에 오르니 새들이 쑥국쑥국 울어대고

병연 바다에 이르니 고기들이 플떡플떡 뛰는구나.

승   폭포는 은 절굿공이가 되어 절벽을 찧고

병연 구름은 옥으로 만든 자인 양 청산을 재도다.

'쑥래萊' 자의 훈은 쑥이고 '국갱羹' 자의 훈은 국이니 '내갱萊
羹'을 훈으로 읽으면 '쑥국'이 되어 새소리와 같고, '풀초草' 자와
'떡병餅' 자는 '풀떡'이 된다. 또 폭포를 은으로 만든 절굿공이에
비유하며 절벽에서 밑으로 내리꽂힌다는 표현과 구름을 하늘을
재는 옥으로 만든 자라고 표현한 것은 너무나 절묘하여 금강산의
절경이 눈에 선할 지경이다.

시승과 함께 짓다 8

승   月白雪白天地白 월백설백천지백

병연 山深夜深客愁深 산심야심객수심

승   燈前燈後分晝夜 등전등후분주야

병연 山南山北判陰陽 산남산북판음양

승   달빛도 희고 눈도 희고 천지가 모두 희네.

병연 산도 깊고 밤도 깊고 나그네 가슴에 시름도 깊소.

승   등불을 켜고 끔으로써 밤과 낮을 구분하고

병연 산은 남쪽과 북쪽으로 음지와 양지를 알게 한다.

나그네 김병연의 속마음이 가장 선연히 드러나 보이는 대구라 하겠다.

내기가 아니라 호탕한 두 사내의 익살이고 해학이다. 스님과 김삿갓은 누가 이기고 지고가 없는 실로 유쾌한 대담을 펼치며 오랜만에 마음이 통하는 상대를 만난 것에 그저 즐겁기만 하지 않았을까. 한 구절 한 구절에 김삿갓의 거침없는 호탕함과 자애로운 성품이 그대로 드러난 명구라 하겠다.

스님의 명구가 없었던들 김삿갓의 대구도 없었을 것으로 김삿갓이 이겨서 스님의 이를 뺐다는 속설은 속설에 지나지 않을 것이다.

내기를 위한 내기가 아니라 서로를 알아 본 두 사내가 주거니 받거니 서로의 실력을 드러내며 이를 뽑히지 않으려고 애를 쓴 것이 아니라 오히려 희열을 느낀 것은 아닐까. 서로의 경지에 견줄 만한 이는 찾기 어렵고 그 상대를 만났을 때 서로를 알아주는 충만감 말이다.

이렇듯 단순한 글로서 금강산의 풍경을 완벽하고 절실하게 그린 시경詩景은 찾기가 힘들다.

金剛山 금강산

橋下東西南北路 교하동서남북로
杖頭一萬二千峰 장두일만이천봉
金剛萬二千峰月 금강만이천봉월
應作山僧禮佛燈 응작산승예불등

다리 아래 동서남북 갈림길에 섰구나.
지팡이 머리에 일만이천 봉
만이천 봉 위에 뜨는 저 달은
산골 스님들의 예불 등불이런가.

「금강산」은 김삿갓이 금강산 일대를 떠돌다 갈림길에 서서 '이제 어느 곳으로 가 볼까나' 하다가 하늘에 떠 있는 달을 보며 느낀 자신의 심사로도 가슴에 와 닿는 시조이다. 그러나 또한 일만이천 봉우리는 조선의 산하 방방곡곡에 흩어져 살고 있는 백성들

이곳저곳 유랑하는 길엔 파도치는 바다도 있었다.

로, 비치는 저 달은 나라를 다스리는 하나뿐인 임금에 빗대어 이
땅을 밝게 다스려 주었으면 하는 김삿갓의 심중이라고 생각해 볼
수도 있을 것이다.

　김삿갓은 종전의 화조월석花朝月夕을 노래한 한시도漢詩道와는
달리 인생의 실생활과 다양한 감정 표현을 작품에 도입한 혁명적
시인으로 꼽혀왔다. 그가 자연에 대한 묘사에 있어서 예민하게

관찰하고 착상하여 작품에 표현했음을 볼 때 중의적인 의미를 충분히 내포하고 있다 할 것이다.

김삿갓은 자연을 노래한 시나 자신의 애처로운 마음을 담은 시뿐 아니라 세상을 초탈한 듯 담담한 시, 방랑하며 만난 기생들과의 사랑노래, 자신의 정치적 입장을 담은 시와 풍자적 작품으로도 유명한 시인이다.

다시 시작된 떠도는 삶

민족의 영산 금강산을 두루 구경한 김삿갓은 각지의 서당을 전전한 뒤 4년 만에 집으로 돌아와 1년 동안 머물며 둘째 아들 익균을 두었음을 밝혔다. 그러나 몸에 밴 방랑벽 때문인지, 다시는 현실에 발을 붙일 수 없을 만큼 그의 마음이 떠나버린 것이지 다시 집을 떠나게 된다.

杜鵑花消息 두견화소식

問爾窓前鳥 문이창전조
何山宿早來 하산숙조래

應識山中事 응식산중사
杜鵑花發耶 두견화발야

진달래 소식을 묻다

창 앞에 와서 우는 새야
어느 산에서 자고 왔느냐.
산 속의 소식 너는 잘 알리니
산에 진달래꽃은 피었더냐.

겨울을 고향집에서 보낸 김삿갓이 봄이 되자 또 방랑하고 싶은 마음이 싹터 오기 시작했나 보다. 창문 앞에서 우는 새를 보며 그의 마음은 이미 어딘가를 향해 정처 없이 떠나가고 있다.

세상은 어지럽고 탐관오리들이 날뛰던 시절 삿갓 쓰고 지팡이를 든 거지를 누가 알아주었겠는가. 한술 밥을 얻기 위해 걸식하며 설움 뿐인 삶을 살아가야 함을 너무도 잘 알면서 선택한 길이었다.

언제나 배고픔과 잠잘 곳에 대한 걱정이 끊이지 않았을 김병연은 서당 훈장으로 추운 겨울을 나기도 하고, 더러는 멀건 죽 한 그릇으로 허기를 달래야 할 때도 많았다. 그러나 김삿갓은 사람

대접 못 받으면 재치와 해학으로 슬기롭게 극복하고 서러움이 복받치면 풍자로 마음을 달래며 시작으로 승화시키곤 하였다.

어느 날 해도 기울어 하룻밤 묵을 곳을 찾아 헤매던 김삿갓은 다 쓰러져 가는 오두막을 발견하고 주인에게 밤이슬이라도 피하며 머물러 갈 수 있기를 부탁하였다. 토굴처럼 생긴 오두막의 주인은 지독히 가난하였는지 저녁으로 나온 숭늉에는 밥알은 하나도 없이 맹물뿐이었다. 그러나 김병연은 다른 것을 대접할 수 없어서 무안해하는 주인에게 자신은 청산을 마시는 것이니 미안해하지 말라며 감사함을 전하였다.

바로 김삿갓의 떠도는 삶의 사정을 보지 않고서도 알게 해 주는 시로 유명한 「죽일기粥一器」이다.

粥一器 죽일기

四脚松盤粥一器 사각송반죽일기
天光雲影共徘徊 천광운영공배회
主人莫道無顔色 주인막도무안색
吾愛青山倒水來 오애청산도수래

죽 한 그릇

소나무로 만든 네모난 밥상에 죽 한 그릇 놓였네.
하늘에 떠다니는 구름이 얼비치네.
주인이여 낯빛이 변하리 만큼 무안해 하지 마오.
나는 사랑하는 청산을 마시고 있는 것이오니.

또 어느 날은 김삿갓이 지팡이에 행장을 달고 붉은 저녁노을이
깔린 길을 걷는데 주막이 눈에 띄었던 모양이다. 주머니를 털어
보니 겨우 엽전 일곱 닢이 나왔다. 전 재산은 7푼뿐으로 절박하
였으나 주막 석양에 술을 보니 어이 지나치겠느냐며 나그네의 사
정을 절묘하게 그려내었다.

嘆飮野店 탄음야점

千里行裝付一柯 천리행장부일가
餘錢七葉尙云多 여전칠엽상운다
囊中戒爾深深在 낭중계이심심재
野店斜陽見酒何 야점사양견주하

밤중에는 주점을 비켜가기가 어렵다

천 리 머나먼 길에 가진 것은 지팡이 하나
남은 돈 일곱 닢이 나의 큰 재산이다.
주머니 속에 가만히 숨었거라 했건만
해 저문 주막에서 술 냄새 코를 찌르면 어이 그냥 비켜가리.

김삿갓은 이후에는 한양, 충청도, 경상도로 떠돌았으며, 도산서원陶山書院 아랫마을에서는 몇 년 동안을 서당 훈장으로 지내기도 하였다.

김삿갓은 다시 전라도와 충청도, 평안도를 거쳐 어릴 때 자라던 곡산 땅을 찾아 자신 집안의 가노였던 김성수의 아들 집에서 1년쯤 훈장 노릇을 하게 된다.

그리고 또다시 나선 방랑길에서 충청도 계룡산으로 향했고 이곳에서 아들 김익균을 만났다. 그러나 아들이 아버지 김삿갓에게 집으로 돌아갈 것을 간곡

도산서원 전경

히 청하자 그는 아들이 잠든 틈을 이용하여 몰래 떠나 버렸다.

그러다 1년 만에 다시 찾아온 아들과 경상도 어느 산촌에서 만났으나, 이번에는 심부름을 보내놓고 도망쳐 버렸다. 이로부터 3년 뒤에도 경상도 진주 땅에서 또다시 아들을 만나 귀향을 마음 먹었으나 역시 변심하여 이번에는 용변을 핑계로 피하고 끝내 집으로 돌아가지 않았다.

떠도는 김병연의 마음과 삶도 오죽 했겠는가마는 그가 돌아오길 기다리던 아내와 자식들의 삶은 어찌했을지를 생각하면 슬픈 우리 역사의 단면이라는 말로 끝내버릴 수 없는 너무도 큰 비극이라 하겠다.

정情도 많고 일도 많다

김삿갓이 평생 쉽지 않은 방랑의 길을 버리지 않은 것은 생에 대한 체념이라기보다는 자신의 양심을 외면하지 않기 위한 전 생애를 건 싸움이었는지 모른다. 세도가 안동 김씨의 자손인 김삿갓이 당대에 선택할 수 있는 최선의 방법은 자신의 재능을 거대한 현실의 모순을 위해 사용하지 않는 것, 작품으로서 자신의 양심과 백성들의 삶을 말하는 것이라고 판단한 것은 아니었을까.

天地萬物之逆旅 천지만물지역려

造化主人籧盧場 조화주인거로장

隙駒過看皆如許 극구과간개여허

兩開闢後仍朝暮 양개벽후잉조모

一瞬息間渾來去 일순식간혼래거

回看宇宙億千劫 회간우주억천겁

有道先生昨宿所 유도선생작숙소

無涯天地物有涯 무애천지물유애

百年其間吾逆旅 백년기간오역려

蒙仙礴空短長篇 몽선뇌공단장편

釋氏康莊洪覆語 석씨강장홍복어

區區三萬六千日 구구삼만육천일

盃酒靑蓮如夢處 배주청련여몽처

東園挑李片時春 동원도리편시춘

一泡乾坤長感欷 일포건곤장감서

光陰倐去倐來局 광음숙거숙래국

混沌方生方死序 혼돈방생방사서

人惟處一物號萬 인유처일물호만

以變看之無巨細 이변간지무거세
山川草木盛變場 산천초목성변장
帝伯侯王飜覆緖 제백후왕번복서
其中遂開一大廈 기중수개일대하
地皇天皇主男女 지황천황주남녀
分區軒帝廣庭衢 분구헌제광정구
練石皇媧高柱礎 연석황왜고주초
行人一錢化翁債 행인일전화옹채
明月淸風相受與 명월청풍상수여
天台老嫗掃席待 천태노구소석대
大抵三看桑海陼 대저삼간상해저
牛山落日客宿齊 우산낙일객숙제
蜃樓秋風爲過楚 신루추풍위과초
扶桑玉鷄第一聲 부상옥계제일성
滾滾其行無我汝 곤곤기행무아여

천지가 만물의 나그네를 맞이한다

조물주가 만들어 놓은 신비한 천지에

말 타고 달려가는 나그네 같은 인생.
천지가 개벽한 뒤에 낮과 밤이 생기고
무상한 세월은 순식간에 오고 가는데,
아득하고 영원한 우주를 생각해 보면
도통한 선인들 지난밤에 자고 간 곳일세.
천지는 무한하나 만물은 한이 있으며
백 년도 못 사는 인생 그 속에서 묵어가는 객줏집일세.
몽선의 현묘한 이야기는 짧고도 긴 수수께끼요,
석가의 무궁한 이야기는 세상을 덮었는데
구구하게 살아온 그들의 백 년, 삼만육천 일
술잔 삼아 마시는 푸른 연잎의 꿈과 같도다.
동쪽 뜰에 잠시 피었다 지는 복사꽃과 오얏꽃은
하늘과 땅이 내뿜는 긴 습결과 같은 것이며
세월이 가고 오는 이 순간에
혼돈한 만물은 금시 태어났다 금시 죽는 것이로다.
사람은 한 번 살다가 가도 만물은 그렇지 않고
변화의 눈으로 살펴보면 크고 작은 것이 없도다.
산천초목은 성쇠를 거듭하며 변해 가고
제왕과 호걸도 흥망성쇠를 거듭하네.

하늘과 땅 사이에 커다란 집 하나 지으니

지황씨와 천황씨가 남녀를 다스리네.

헌제는 터를 닦고 뜰을 넓히고

황왜는 돌을 다듬어 주춧돌을 높이네.

길 가던 나그네가 한 푼 두 푼 빌린 빚은

청풍과 명월로 서로 주고받았지만

늙은이를 기다리는 극락세계는 자리를 쓸고 기다리니

상전이 벽해 됨을 세 번이나 보았도다.

우산에 해가 지니 나그네는 제나라에서 잠을 자고

신루에 가을바람 부니 초나라를 지나도다.

신선계에서 첫닭 우는 소리 들리니

끝없는 나그네 길에는 너와 내가 없도다.

걸식으로 하룻밤 머물 곳을 찾는 김삿갓

自傷 자상

哭子靑山又葬妻 곡자청산우장처
風酸日落轉凄凄 풍산일락전처처
忽然歸家如僧舍 홀연귀가여승사
獨擁寒衾坐達鷄 독옹한금좌달계

스스로 아픔

자식을 청산에 묻고 또 아내를 장사지내니
부는 바람 슬픈데 해가 지니 더욱 쓸쓸하구나.
집에 돌아오니 집안은 절간 같고
찬 이불 안고 홀로 닭 울 때까지 앉았노라.

老吟 노음

五福誰云一曰壽 오복수운일왈수
堯言多辱知如神 요언다욕지여신
舊交皆是歸山客 구교개시귀산객

新少無端隔世人 신소무단격세인

筋力衰耗聲似痛 근력쇠모성사통
胃腸虛乏味思珍 위장허핍미사진
內情不識看兒苦 내정불식간아고
謂我浪遊抱送頻 위아랑유포송빈

노인이 한탄하다

오복 중 장수가 으뜸이라고 누가 말하는가.
오래 살면 욕된다고 말한 요 임금 귀신같이 용하구나.
사귀던 옛 친구는 모두 산으로 돌아갔고
다시 대하는 새 소년들 딴 세상 사람 같네.

근력은 쇠약하고 목소리도 아픈 사람 같은데
위장은 허해져서 맛나는 것만 생각하네.
집안사람들 아이 보는 괴로운 속사정 알지 못하고
나더러 논다고 걸핏하면 아이 안아 보내네.

세상 사람들은 오래 사는 것이 오복 중의 제일이라고 말하지만, 반드시 그런 것은 아니다.

오래 사귄 옛 친구들은 모두 떠나가 버리고, 새로 태어난 사람들은 모두 얼굴이 설어 딴 세상 사람 같다. 몸도 젊었을 때와 달라 근력은 약해지고 내 마음대로 움직여지지 않는다. 마음도 그와 같아 외로움은 커져 가는데도 집안사람들은 자신의 속마음을 모르고 걸핏하면 아이를 맡긴다. 노인의 그 괴로움은 말로는 다 표현할 수 없는 것이다.

김삿갓이 방랑 중에 만나 잠시 쉬는 길에 대화를 나눈 노인의 이야기였는지, 이와 같은 어려움을 안고 사는 어느 외롭고 답답한 할머니의 사정을 읊었다.

五更登樓 오경등루

天高萬里不擧頭 천고만리불거두
地闊千里不宣足 지활천리불선족
五更登樓非翫月 오경등루비완월
三朝壁穀不求仙 삼조벽곡불구선

오밤중에 누각에 오름

하늘은 만 리로 높고 아득하건만 머리를 둘 곳 없고
땅은 천 리로 넓건만 다리를 쉴 곳 없네.
깊은 밤 누각에 오른 것은 달구경하려는 것 아니고
삼 일을 굶은 것도 신선되려 함 아닐세.

　김삿갓이 방랑하며 겪었을 세상이다. 재워 줄 이, 밥 한 그릇 주는 사람이 없고 잠잘 곳이 없어서 빈 누각에 홀로 오른 것은 신선이 되기 위함이 아니라 다리를 편히 펼 곳이 없는 자신의 가엾은 신세 때문이다.

施主乞粒 시주걸립

一鉢千家飯 일발천가반
孤身萬里遊 고신만리유
靑日覩人小 청일도인소
問路白雲頭 문로백운두

시주로 걸립하다

천 집 돌아 한 바루 밥
만 리 길이 외로워라.
한낮에도 사람 없어
흰 구름에 갈길 묻네.

떠돌아다니는 스님들의 어려웠던 당시 실정이 보이는 시이다. 그나마 스님들은 시주의 명분이라도 있었겠지만, 김삿갓처럼 보이지 않는 수행자들의 걸식乞食은 더욱 어려웠을 것이니 그 자신의 처지에 다름아니다.

風俗薄 풍속박

夕陽孤立兩柴扉 석양고립양시비
三被主人手却揮 삼피주인수각휘
杜宇亦知風俗薄 두우역지풍속박
隔林啼送不如歸 격림제송불여귀

야박한 풍속

석양에 이 집 저 집 대문을 두드리고 섰으나
주인은 손을 내저으며 가라고 쫓는구나.
두견새도 야박한 세상인심을 알아차린 듯
숲속에서 차라리 돌아가는 것이 좋다고 울어주네.

厚薄 후박

身窮每遇俗眼白 신궁매우속안백
歲去偏傷鬢髮蒼 세거편상빈발창
歸兮亦難佇亦難 귀혜역난저역난
幾日彷徨中路傍 기일방황중로방
江山乞號慣千門 강산걸호관천문
風月行裝空一囊 풍월행장공일낭
千金之子萬石君 천김지자만석군
厚薄家風均誠嘗 후박가풍균성상

김삿갓이 하룻밤 머물기를 청하나 주인은 거절한다.

두터움과 박함

내 신세 기구하니 항상 남의 멸시 받고
세월이 갈수록 백발은 늘고 마음은 더욱 아파오네.
아, 돌아가기도 어렵고 머물기도 힘겨운 내 신세여
몇 날이나 길가에서 외롭게 방황하였던가.
강산을 돌며 걸식하기가 더욱 익숙해졌구나.
풍월시를 벗 삼는 행장은 언제나 무일푼.
천금 같은 귀공자와 만석꾼의 부잣집
후하고 박한 가풍 골고루 맛보았네.

살기가 어려우니 지나는 길손을 하룻밤 거두어 주는 세상인심이 그만큼 야박하였던 것일까. 떠도는 이의 삶은 어차피 자신의 삶과 아무 상관이 없다고 느껴져서일까. 해질 무렵 하룻밤 머물 수 있기를 청하는 나그네를 외면하며 완강히 거절하는 일이 다반사였던 듯하다.

斷句一句 단구일구

萬事皆有定 만사개유정
浮生空自忙 부생공자망

짧은 시 한 구절

세상만사는 이미 운명 따라 정해져 있는데
허공에 뜬 인생은 헛되이 바삐 헤매도다.

현실의 뿌리를 벗어나 사는 김삿갓은 조선 국토를 떠돌며 이와 같은 덧없는 인생살이를 많이 느끼지 않았을까. 우리들은 어디에서 와서 어디에 있으며 어디로 가는지 알지 못한다. 세상사는 이미 정해진 운명이 있는 법인데 인간들은 헛됨을 추구하는데 바쁘기만 하다.

見乞人屍 견걸인시

不知汝姓不識名 부지여성불식명
何處靑山子故鄕 하처청산자고향
蠅侵腐腐暄朝日 승침부부훤조일
烏喚孤魂吊夕陽 오환고혼조석양

一尺短筇身後物 일척단공신후물
數升殘米乞時糧 수승잔미걸시양
奇語前村諸子輩 기어전촌제자배
携來一簣掩風霜 휴래일궤엄풍상

거지의 시체를 보고

성도 이름도 모르는 너
어느 산 밑이 네 고향인고?

아침에는 썩은 몸에 파리가 득실거리고
저녁에는 까마귀가 외로운 혼 울어주네.

짤막한 지팡이는 유일한 유물이고
몇 되 남은 곡식은 구걸해 온 식량일세.
앞마을 청년에게 부탁하니
한 삼태기 흙을 날라 시신이나 묻어 주게.

　어느 고을을 지나다가 길가에 변사한 거지의 시신에 파리가 들끓는 것을 발견한 김삿갓이 남의 일 같지 않았음인지 장사를 지내 주었다. 자신이 가진 것이라고는 지팡이와 몇 되 안 되는 구걸해 얻은 양식뿐이라며 마을의 청년에게 묻어 줄 것을 부탁하였다.

　김삿갓은 물질적인 모든 것을 버리는 길을 선택하였으므로 가지지 못하고 약한 자들과 자연에 마음이 가 닿았을 것이다. 낮은 자리에 임하는 마음으로 세상을 살고 위정자들 또한 그러한 마음으로 사회를 다스린다면 억울한 운명, 비루한 삶은 많이 줄어들 것임에 분명하다. 그러나 김삿갓은 아무 가진 것 없는 자신의 삶을 한탄하거나, 안쓰러운 인생들에 마음 아파하기만 했던 것은 아니다. 아름다운 자연의 풍광 또한 멋스러이 읊었다.

浮碧樓 부벽루

三山半落靑天外 삼산반락청천외
二水中分白鷺洲 이수중분백로주
古代文章奪吾句 고대문장탈오구
夕陽投筆下楊州 석양투필하양주

평양의 자랑거리인
부벽루에 들른 김삿갓

부벽루

삼산 반쪽이 청천 밖에 솟았고
이수 한가운데 백로 같은 저 고을
당나라 이태백이 이미 읊었으니
석양에 붓을 던지고 양주로나 내려갈까.

부벽루는 서경(평양)에 있는 이름난 누각으로 수많은 시인과 묵
객들의 발자취가 남아 있는 곳이다. 여기에 김삿갓이 빠질 수 없
는 일이다. 부벽루의 자연이 주는 경치는 모두가 그냥 지나칠 수
없는 비경으로 김삿갓은 최고의 글은 이태백이 이미 읊었으니 더
남길 글이 없을 정도라고 극찬하고 있다.

雪景 설경

비래편편삼월접 飛來片片三月蝶
답거성성육월와 踏去聲聲六月蛙

눈 내리는 경치

편편이 날리는 눈 조각은 춘삼월의 나비 떼요
밟고 가는 소리는 유월의 개구리와 같구나.

바람을 타고 날라오는 무섭게 느껴지는 눈조각이지만 계절은

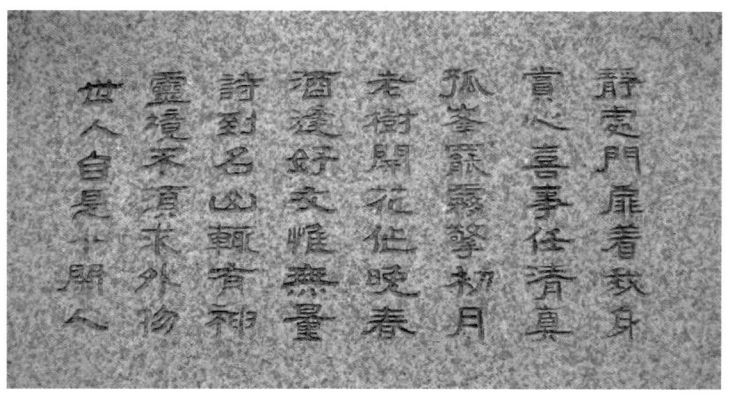

김삿갓 시비 공원 내의 「잡영雜詠」 시비석

이미 춘삼월이라서 나비가 찾아오고 있다고 표현했다. 이는 백성의 민심을 살피지 못하고 있는 조정을 조롱한 내용이다. 더욱더 눈 밝는 소리를 한여름인 6월의 개구리 울음소리로 표현했으니 그 기지에 그저 놀라지 않을 수 없다.

雜詠 잡영

靜處門扉着我身 정처문비착아신
賞心喜事任淸眞 상심희사임청진
孤峯罷霧擎初月 고봉파무경초월
老樹開花作晩春 노수개화작만춘

酒逢好友惟無量 주봉호우유무량
詩到名山輒有神 시도명산첩유신
靈境不順求物外 영경불순구물외
世人自是少閑人 세인자시소한인

생각에 잠겨

고요한 곳 문짝에 내 몸을 기대서니
구경하는 마음과 기쁜 일들 맑고 진실하여라.
안개 걷힌 외로운 봉우리는 초승달을 밀어 올리고
고목에 핀 꽃은 늦봄을 만드네.

술은 좋은 벗을 만나 감개무량하고
시는 명산에 다다랐으니 신이 저절로 나네.
영경은 모름지기 물외에서 구하는 것이 아니로다.
그래서 세상 사람들 중 한인이 적도다.

속세를 벗어난 좋은 경치란 딴 곳에 있는 것이 아니라, 바로 이런 곳에 있다. 그러나 세상 사람들은 그것을 잘 알지 못한다.

一雪 일설

天皇崩乎人皇崩 천황붕호인황붕
萬樹天山皆被服 만수천산개피복

若使明日陽來弔 약사명일양래조
家家簷前淚滴滴 가가첨전누적적

모두 하얗도다

천황씨가 죽었는가 인황씨가 죽었는가.
온 산 나무들은 모두가 소복을 입었구나.
내일 아침 해가 뜨면,
집집마다 처마 끝에 눈물깨나 흘리겠구나.

　김삿갓의 눈目에 눈雪 맞은 초목들이 흰색의 상복을 입은 것으로 보였나보다. 밤에는 추위에 얼음이 되었다가 해가 솟으면 물방울로 변해 떨어지는 것을 눈물을 흘리는 것에 비유한 것으로 자연의 변화에 인간이 살아가는 과정을 대비하여 표현한 명시이다.

竹 죽

此竹彼竹化去竹 차죽피죽화거죽
風打之竹浪打竹 풍타지죽낭타죽

飯飯粥粥生此竹 반반죽죽생차죽

是是非非付彼竹 시시비비부피죽

賓客接待家勢竹 빈객접대가세죽

市井賣買歲月竹 시정매매세월죽

萬事不如吾心竹 만사불여오심죽

然然然世過然竹 연연연세과연죽

대나무

이대로 저대로 되어 가는 대로

바람 부는 대로 물결치는 대로

김삿갓 시비 공원 내의 「죽竹」 시비석

밥이면 밥, 죽이면 죽 생기는 대로

옳으면 옳고, 그르면 그른 것은 따르는 그대로

손님 접대는 집안 형편대로

시장에서 매매하는 것은 시세대로

세상만사 내 마음대로 안 되니

그렇고 그렇고 그런 세상 그런대로 살리라.

김삿갓은 재미있고 재치 있는 시를 지은 것으로서도 유명하다. 어쩌면 그의 해학 정신이 자신의 삶을 지탱해 준 하나의 큰 힘이 었음이 분명하다. 이 시에서도 '대나무죽竹' 자를 우리말 대나무의 뜻을 따서 '대로' 라고 읽는 방법으로 재미를 살렸다.

이 시처럼 김삿갓의 속마음도 그렇고 그런 세상에서 옳으면 옳고, 그르면 그른 대로 그저 그런대로 한평생 살아가자는 마음이 드는 순간이 많았을지도 모른다.

풍자 시인 김삿갓

김삿갓은 풍자시 또한 많이 남겼는데 그 범위는 매우 넓어서 그의 명성은 고금을 통해 더욱 드높았다. 그의 한시는 풍자와 해학을 담고 있어 그 희화戲畵적 성격으로 한시에 파격적 요인이 되었다. 그 파격적인 양상을 「이십수하二十樹下」로 예를 들어보자.

二十樹下 이십수하

二十樹下三十客 이십수하삼십객
四十家中五十食 사십가중오십식
人間豈有七十事 인간기유칠십사
不如歸家三十食 불여귀가삼십식

스무나믄 살 아래

스무나믄 살 아래인 서러운 나그네가
마흔 놈(망할 놈)의 집에서 쉰밥을 얻어먹으니
인간 세상에 어찌 일흔(이런) 일이 있는가.
내 집에 돌아가 서른(설은) 밥을 먹느니만 못하다.

만약 김삿갓이 조정에서의 벼슬관의 삶을 선택했다면 예술성

김삿갓 시비 공원 내의 「이십수하二十樹下」 시비석

이라는 면에서 이토록 풍부한 수확을 얻을 수 없었을 것이다. 일
상이 극한의 생활에 놓여졌기에 이토록 다채로운 시상詩想과 기
상천외한 시형詩形을 완성해냈다.

특히 위 시는 한자음으로 이해했을 때와 우리말로 뜻풀이를 한
경우의 이중적 의미를 풀이하는 재미가 더하다.

'이십수하二十樹下'는 20세 정도 아래의 나이를 뜻하고, 서른
객으로 읽히는 '삼십객三十客'은 서러운 나그네를, '사십가四十
家'는 마흔 집으로서 망할 놈의 집을, '오십식五十食'은 쉰밥으로

서 상한 밥을, '칠십사七十事'는 일흔 일로서 이러한 일을, '삼십
식三十食'은 서른 밥으로서 설익은 밥을 뜻한다.

'스무(二十) 나무 밑 서른(三十─슬픈) 나그네, 마흔(四十─망할) 놈
의 집구석에서 쉰(五十) 밥을 주는구나'라니! 단어를 가지고 놀듯
이렇게 절구를 맞추고 뜻을 확대하며 복합적 의미를 갖는 그의
시는 놀라울 뿐이다.

김삿갓의 시는 전통적인 한시가 갖던 신성함과 권위에 대한
도전, 양식의 파괴 등에서 의미를 찾을 수 있다. 국문학사에서
보면 '김삿갓'으로 칭해지는 인물은 김병연 외에도 여럿 있었음
을 알 수 있는데, 김삿갓의 이러한 복수성은 당시 사회의 몰락한
양반 계층의 편재와 깊은 관련이 있다고 보인다. 특히, 과거제도
의 문란으로부터 야기된 선비들의 시 창작 기술은 이 같은 절망
적인 상황에서 파격과 조롱, 야유, 기지로 나타나게 되었다. 모
든 일에는 양면성이 있다고 하니 문학적 발전에 있어서야 행복
한 일이지만 그 원인이 사회의 비리에 있다고 하니 서글픈 일이
아닌가.

김삿갓은 역경이 끊이지 않는 불우한 삶과 곤궁함 속에서 비관
한 순간도 물론 많았을 것이다. 하지만 그의 시를 보면 알 수 있
듯 삶 자체를 받아들이는 낙척전인 소탈한 성격과 무거움을 비틀

김삿갓은 하루의 숙식을 해결하기 위해 양반집을 방문하여 수모스럽게 술도 권하였다.

어내는 해학과 풍자로 현실을 이겨낼 수 있었다. 가진 것 없이, 쉴 곳 또한 두지 않고 살기로 결심했을 때는 분명 자신의 운명을 뒤바꿀 정도의 큰 사건이 있기 마련이다. 그러나 그런 삶을 끝까지 감당해 낸다는 것은 현실 속에서 이루고 싶은 꿈이 있든 없든 간에 기인이 아니고서는 매우 어려운 일임에는 분명할 것이다.

당시 굶주린 백성들은 살기 좋은 세상은 과연 언제나 찾아올까 하는 막막함 속에서도 희망을 차마 버리지 못하그 살아나갔다. 그러나 기다리는 좋은 소식은 끝내 쉽게 오지 않았다.

김삿갓 자신의 외척 가문인 신 안동(장동) 김씨들의 극에 달한 횡포를 풍자하며 소리 높여 외치는 김병연의 답답한 마음이 선연하다.

墓爭 묘쟁

以士大夫之女 이 사대부지녀
臥於祖父之間 와어 조부지간
付之於祖乎　부지어 조호
付之於父乎　부지어 부호

묘 다툼

사대부의 딸로서
할아버지와 아버지 사이에 누웠으니
할아버지에게 붙으리까
아버지에게 붙으리까.

「묘쟁墓爭」은 드러나는 내용을 보면 세도 당당한 어느 사대부 집에서 딸의 묘를 남의 집 가족 묘 사이에 썼으니, 죽은 딸을 남의 집 할아버지에게 소실로 보내는 것인지 혹은 그 집 아버지에게 소실로 시집보내는 것인지 모르겠다며 사대부가를 비난하는 글이다.

뛰어난 글재주로 양반들에게 글을 지어주며 음식을 대접받는 김삿갓.

　할아버지의 여자가 어떻게 아버지의 여자가 될 수 있겠냐는 뜻
인데 당시 부패한 조정 정치를 절묘하게 조롱한 간접적인 항거로
보인다. 백성들이 위정자들의 횡포에 갈 길을 잃고 어쩔 줄 몰라
하는 상황을, 설령 김삿갓의 진짜 뜻을 안다 해도 처벌을 할 수
없게 피해가면서 조정을 조소하고 있다.

姜座首逐客 강좌수축객

　祠堂洞裡問祠堂 사당동리문사당
　輔國大匡姓氏姜 보국대광성씨강
　先祖遺風依北佛 선조유풍의북불
　子孫愚流學西羌 자손우류학서유

主窺窺下低冠角 주규첨하저관각
客立門前嘆夕陽 객립문전탄석양
座首別監分外事 좌수별감분외사
騎兵步卒可當當 기병보졸가당당

강좌수 나그네를 쫓아내다

사당동리에서 사당집을 물으니
보국대광의 성이 강姜씨더라,
선조의 유풍은 불교가 분명한데
자손은 어리석게도 오랑캐 교육을 받았구나.

주인은 처마에서 관각을 낮추어 엿보고
나그네는 문전에서 석양을 탄식한다.
좌수별감의 신분이 너에게는 분수 밖이며
기병이나 보졸쯤이 마땅하도다.

김삿갓이 날이 저물어 갈 곳을 찾다가 사당동리의 사당집을 들
어가 하룻밤 묵을 수 있도록 청하였다. 그러나 강씨 성을 가진 보

국대광이 딱 잡아떼며 거절하였다.

보국대광은 조선조 정1품 벼슬관이니 매우 높은 자리였다. 김
삿갓이 느끼기에 선조가 남긴 풍속은 불교인데 어리석은 자손들
은 오랑캐의 글을 배우고 있으니 어차피 그리 감사를 느끼지는
못할 집이었다.

주인은 숙식을 거절한 데에서 끝내지 않고 거기에 더해 김삿갓
이 갔나 안 갔나를 확인하기 위해 관각을 나직이 쓰고 문밖을 엿
보는 것이었다. 이에 김삿갓이 한심한 주인의 꼴을 풍자한 시이
다. 김삿갓은 강 좌수座首의 신분에 별감이라는 벼슬은 과분하니
그저 말 타는 병사 뒤를 쫓는 졸병 따위가 가히 마땅하겠다며 조
롱한 것이다.

吉州明川 길주 명천

吉州吉州不吉州 길주길주불길주
許可許可不許可 허가허가불허가
明川明川人不明 명천명천인불명
漁佃漁佃食無魚 어전어전식무어

길한 고을 명천

고을 이름을 길주 길주 하지만 길흠한 고을이 아니요,
성씨를 허가 허가 하지만 허가許可는 아니하네.
명천 명천 하지만 사람은 밝지 못하고
어전 어전하지만 고기 먹는 집은 없도다.

함경도 길주는 허許씨가 많이 사는 곳이었다. 그런데 마을 이름은 길주로 길한 고을이나 인심이 야박해서 길한 마을이 아니고, 성씨는 허가인데 나그네에게 하룻밤 침식을 허가할 줄 모르는 곳이라며 박한 인심을 풍자하였다.

邑號開城 읍호 개성

邑號開城何閉門 읍호개성하폐문
山名松嶽豈無薪 산명송악기무신
黃昏逐客非人事 황혼축객비인사
禮義東方子獨秦 예의동방자독진

읍호는 개성이나

고을 이름은 개성인데 어찌 문을 닫으며
산 이름은 송악인데 어찌 땔나무가 없단 말인가.
황혼에 나그네를 내쫓는 것은 인사가 아니니
동방 예의국에 너 혼자 오랑캐 진나라 놈이구나.

역시 이번에는 개성으로 간 김
삿갓이 어느 집에 가서 하룻밤
자고 가기를 청하였으나 문을 닫
으며 땔나무가 없어서 방을 데울
수 없다고 거절당하였다.

개성은 고려의 도읍지로 문물
의 중심지이었기는 했지만 대도
시의 삶은 보통 그런 것인지 당
시 읍민들의 인심도 풍요하지는
못했던 것 같다. 특히 개성은 조

김삿갓 시비 공원 내의
「읍호 개성邑號開城」 시비석

선조의 관리들 또한 목민관 생활을 하기가 어려웠던 곳이니 나그
네 같은 과객들에게는 더욱 박절하였을 것이었다. 김삿갓도 이곳

에서는 무척 마음이 상하였던 모양이다.

泛舟醉吟 범주취음

江非赤壁泛舟客 강비적벽범주객
地近新豊沽酒人 지근신풍고주인
今世英雄錢項羽 금세영웅전항우
當時辯士酒蘇秦 당시변사주소진

뱃놀이를 하며 취하여 읊다

적벽강은 아니지만 나그네는 배를 띄웠고
곳은 신풍에 가까워 술을 사기에 좋구나.
지금 세상의 영웅은 항우가 아니라 바로 돈이요,
예나 지금이나 소진 같은 변사는 다름 아닌 술이었더라.

뱃놀이를 하며 술 한 잔을 기울이던 김삿갓의 상상력은 항우가
살던 진나라와 소진이 살던 전국시대로 확장되었다. 옛날의 영웅
은 항우였으나 지금은 돈이 영웅이지만, 소진과 같은 변사는 예

나 지금이나 술이다. 세상의 정의는 변해도 술은 그대로니 어찌
마시지 않을 수 있겠는가.

還甲宴詩 환갑연시

皮坐老人不似人 피좌노인부사인
疑是天上降眞仙 의시천상강진선
基中七子皆爲賊 기중칠자개위적
偸得天挑獻壽筵 투득천도헌수연

환갑연 시

거기 앉은 저 노인 사람 같지 않구나.
하늘에서 내려온 신선이구려.
여기 모인 일곱 아들놈들 모두 도적이야
천도를 훔쳐다가 잔칫상에 올렸구나.

「환갑연시還甲宴詩」는 김삿갓이 환갑을 맞은 노인의 집에 들러
음식을 먹다가 흥을 돋우기 위해 지은 시이다. 김삿갓이 "저기

앉은 노인은 사람 같지 않구나" 하니 아들들이 "이런 경칠 놈"하며 크게 화를 내었는데 다시 "하늘에서 진짜 신선이 내려온 것 같구나" 하니 금방 "허허 허허" 웃으며 갈채를 보내었다.

김삿갓이 이번에는 "그 슬하에 있는 일곱 자식들은 모두 도둑놈이다"하니 이번에는 노인이 화를 낸다. 그러나 마지막 구에서 "모두 하늘의 천도복숭아를 훔쳐서 부모 공양을 잘도 했구나"하니 자중은 모두 감탄하여 김삿갓의 재주를 입을 모아 찬탄하였다.

김삿갓이 나이 드신 노인의 환갑잔치에 가서 이런 시를 지은 데는 이유가 있다. 자식들이 마련하여 상에 놓은 음식물 모두가 정당하게 취한 것이 아니라 훔쳐 온 것이었기 때문이다.

천도 즉 하늘의 복숭아는 나라의 재산인데 어찌 잔칫상에 올렸느냐는 탄식이다. 김삿갓은 당시 잘못된 권세를 부리던 신 안동

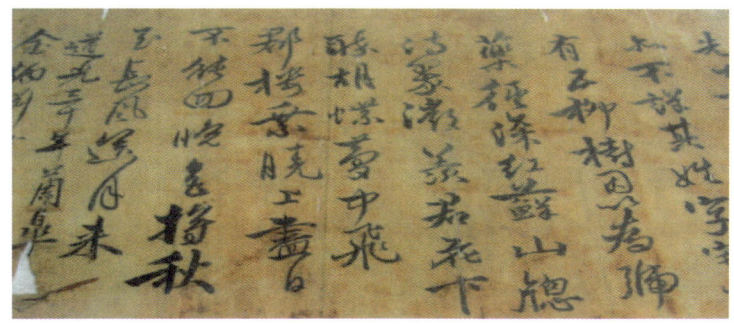

김삿갓 친필

김씨의 일원으로서 더욱 냉정하게 그들을 비난하였다.

사랑 없이 어찌 살랴

　방랑길에는 으레 풍류와 함께 애틋한 연정이 생기기 마련이다. 비록 한 푼 없이 떠도는 신세이지만 김삿갓의 깨끗한 성품과 넉넉한 익살만으로도 사랑을 얻는 데는 충분하였던 도양이다.

부여扶餘 기생과 함께 짓다1

병연　白馬江頭黃犢鳴 백마강두황독명
기생　老人山下少年行 노인산하소년행
병연　離家正初今三月 이가정초금삼월
기생　對客初更復三更 대객초경부삼경

병연　백마강 강가에 누런 송아지가 울고 있네.
기생　노인산 아래에는 소년이 지나가네.
병연　정초에 집을 떠나 어언 춘삼월이 되었도다.
기생　초저녁에 손님을 만났는데 벌써 삼경이라오

부여 기생과 함께 짓다 2

병연　澤裡芙蓉深不見 택리부용심불견
기생　園中桃花笑無聲 원중도화소무성
병연　良宵可興比誰於 양소가흥비수어
기생　紫午山頭月正明 자오산두월정명

병연　연못 속에 연꽃은 물이 깊어 볼 수가 없네.
기생　안에 핀 복사꽃은 웃어도 소리가 없사와요.
병연　이같이 좋은 밤의 흥겨움 무엇에 비기리오.
기생　자오산 산마루에 뜬 달 지금 한창 밝사옵니다.

　부여에서 김삿갓은 글 잘하는 어여쁜 기생을 만나 백마강이 굽어보이는 기생집에서 서로 시를 주고받으며 밤이 깊어 가는 줄 모른 채 시흥에 취했나 보다.

　김삿갓이 나그네의 심정을 은근히 호소하자 부여의 기생은 이심전심으로 산마루에 비친 달처럼 부드러운 기생의 정이 있다는 말로 응답하였다.

　돈도 권세도 없는 김삿갓이었지만 그의 순수한 인간성은 많은 여자들의 호감을 샀는지 사랑에 관한 시 또한 많이 전한다. 뭇 사내들이 기생을 당연히 유희의 대상으로 여기고 자신들의 탐욕의 대상으로 여겼던 데 반해 김삿갓은 기생들 또한 편견 없이 바라보고 정을 주었으니 그 순수함에 자신들의 솔직함을 내보였는지 모른다.

平壤妓生 평양 기생

병연 平壤妓生何所能 평양기생하소능
기생 能歌能舞又能詩 능가능무우능시
병연 能能其中別無能 능능기중별무능
기생 月夜三更呼夫能 월야삼경호부능

평양 기생

병연 평양 기생 능한 바 무엇인고?
기생 노래도 능하고 춤도 능하고 시 또한 능합니다.
병연 능하고 능하다 해도 별로 능한 것이 없구나.
기생 달 밝은 밤 지아비 부르는 것 가장 능하옵니다.

김삿갓이 평양에서 기생들과 술 한 잔을 하던 중 얼근히 취하자 장난기가 발동하였는지, 기생들을 놀려 주려고 그대들은 무엇이 능한가 하고 물음을 던졌다. 이에 기생들은 달밤에 지아비 부르는 것이 가장 능한 일이라고 응수하며 또 즐거이 하룻밤을 보냈다.

贈妓 증기

却把難同調 각파난동조
還爲一席親 환위일석친
酒仙[4]交市隱 주선교시은
女俠是文人 여협시문인

太半衿期合 태반금기합
成三意態新 성삼의태신
相携東郭月 상휴동곽월
醉倒落梅春 취도락매춘

---

4) 주선酒仙: 세속에 구애 받음 없이 두주斗酒(말술)로써 낙을 삼는 사람을 이름.

기생에게

그대 처음 대할 때는 어울리기 어렵더니
자리를 함께 하니 절로 더 친하게 되는구나.
주선은 거리에 숨은 인재와 교제하기 좋아하는데
의기로운 그대는 바로 내가 찾던 문장가로세.

서로 뜻이 맞고 정이 통할수록
그대 아름다운 자태 더 새롭기만 하구나.
얼싸안고 뜰 아래로 달구경 가니
매화꽃 떨어지는 향기에 취해 쓰러지도다.

　매화라는 기생은 정말로 아름다웠다고 한다. 매화는 아름다운 용모만큼 뛰어난 글재주를 가진 여인으로, 처음 만났을 때는 쌀쌀하게 마음을 열지 않았으나 김삿갓의 익살맞음과 호방한 성품 그리고 무엇보다 그의 재주를 알아보고 마음을 열었다. 그리하여 그 둘은 한때의 봄을 함께 즐겼고 이렇듯 「증기贈妓」라는 시로서 남겨졌다.

難避花 난피화

靑春抱妓千金芥 청춘포기천금개
白日當樽萬事雲 백일당준만사운
鴻飛遠天易隨水 홍비원천이수수
蝶過靑山難避花 접과청산난피화

꽃 피하기 어려워

청춘에 기생을 품으니 천금이 티끌보다 아깝지 않고
낮에도 술잔 드니 세상만사 구름같이 황홀하네.
기러기 먼 하늘 날다가도 물 따라 내려가듯
나비가 청산 가다 꽃 보고 못 피하듯.

　　김삿갓이 어느 기생과 정이 들어 즐거운 한때를 보냈다. 젊은
나이에 아름다운 여인과 정분을 맺고 이렇듯 술을 즐길 수 있으
니 더 이상 무슨 바람이 있겠는가. 돈도 명예도 부럽지 않으나 기
러기가 물 따라 가고 나비가 꽃을 향하듯 김삿갓 자신은 아름다
운 기생을 보고 그냥 지나갈 수 없다는 시이다.

嬌態 교태

對月紗窓弄未休 대월사창농미휴
半含嬌態半含差 반함교태반함차
低聲暗聞相思否 저성암문상사부
手整金釵笑點頭 수정금채소점두

교태

달 밝은 창가에서 희롱을 하다 보니
그 모습 교태 반 수줍음 반.
그토록 좋으냐고 나직이 물으니
금비녀 만지면서 고개 끄덕이며 웃고만 있네.

어쩌면 걸릴 것 없는 기녀들과의 사랑이 있었기에 김삿갓이 자신의 한 세상을 살아나갔을지도 모르겠다. 김삿갓의 시들을 읽노라면 시인으로서의 재능, 예술가로서의 뛰어난 재능에는 감탄과 박수를 보내게 되지만 인간으로서의 김병연을 생각하면 아쉬움이 남는다.

정처 없는 길의 연속

　달걀이 바위를 치는 일과 같이 부패한 당대의 거대한 권력 앞에서 김삿갓이 어느 정도의 무기력함을 느낀 것인지, 혹은 스무 살이라는 많지 않은 나이에 겪은 사건이 김병연에게 얼마 만큼의 충격을 남긴 것인지는 알 수 없다.

　한심하고 부끄러운 인간이라고 생각해 강도 높게 비난한 김익순이 사실은 자신의 친할아버지였다는 사실, 그 비난과 부끄러움은 자신을 향한 일이라는 사실, 그리고 신 안동 김씨로써 같은 세족의 부패에 대해 무관심했던 자신의 과거에 대한 부끄러움은 분명 김삿갓의 운명을 송두리째 바꿀 만한 계기임에 분명하다.

한 개인이 사회를 바꿀 수 없을 만큼 부패한 세상에서 김병연이 무기력함이나 환멸을 느꼈다고 하더라도 인간 김병연은 지독히 자기중심적이었던 것은 아니었을까.

남겨진 가족들을 사랑하고 그들의 삶을 염려했다면 자신의 상처와 운명만을 생각하며 평생을 그처럼 떠돌며 살 수 있었을까. 아니면 가족의 삶은 돌아볼 여유가 없을 만큼 김병연 자신의 문제가 컸던 것일까.

달 밝은 창가에서 기생과 나눈 정담은 김삿갓을 안쓰럽게 하고 남겨진 시구는 아름다우나 남겨진 가족들이 받았을 상처를 생각하면 김삿갓도 어쩔 수 없는 남자였을 뿐이라는 생각이 동시에 든다.

酒色 주색

渴時一滴如甘露 갈시일적여감로
醉後添盃不如無 취후첨배불여무
酒不醉人人自醉 주불취인인자취
色不迷人人自迷 색불미인인자미

술과 여자

목마를 때 한잔 술은 단 이슬과 같으나
취한 뒤에 또 한잔은 없느니만 못하노라.
술이 사람을 취하게 하는 것이 아니라 사람 스스로가 취하고
여자가 남자를 반하게 하는 것이 아니라 남자 스스로가 반하도다.

떠도는 김삿갓의 삶에 술과 여자는 빠질 수 없는 존재였던 것
같다. 취한 뒤에는 술이 사람을 마시는 것이라는 말처럼 김삿갓
은 술을 입에 대면 기어이 취하도록 마셨고, 여자 또한 이러하다
고 읊었다.

船上離別 선상 이별

春風桃花滿山香 춘풍도화만산향
秋月送客別淚情 추월송객별루정
我今舟上一問之 아금주상일문지
別恨與君誰短長 별한여군수단장

배 위에서 이별하다

봄바람 불어오니 복사꽃 향기 온 산에 가득하고.
가을 달 떠오를 때 임 보내는 정 눈물뿐이네.
배 위에서 지금 나 그대에게 묻나니
이별의 아픔 그대와 나 누가 더한 것 같은가.

떠도는 김삿갓의 삶이지만 이별은 그에게도 언제나 서러운 일
이었던 모양이다. 따뜻한 봄날 여인을 만나 정을 통한 김삿갓이
다시 떠날 때가 되자 정착할 수 없는 자신의 처지에 미안한 마음
이 들었는지 자신의 아픈 마음을 전한다.

배를 타고 떠나는 김삿갓이나 그를 보내는 여인에게나 힘든 아
픔일 테지만 자신의 아픔이 더욱 크다는 것을 나타낸 애틋한 시
이다.

弄處女 농처녀

병연   毛深內闊   모심내활
         必過他人   필과타인

처녀 　溪邊楊柳不雨長 계변양류불우장

　　　　後園黃栗不蜂坼 후원황률불봉탁

처녀를 희롱함

병연 　털이 깊고 속이 넓은 것을 보니

　　　반드시 딴 사람이 먼저 지나갔으리.

처녀 　개울가 버들은 비가 오지 않아도 절로 자라고

　　　뒷마당의 알밤은 벌이 쏘지 않아도 잘도 벌어지더라.

김삿갓 시비 공원에 있는 그의 동상.

김삿갓은 여인과 정을 통할 때도 그만한 상대를 고른 건지도 모른다. 정은 그냥 통하지 않는다고 자신을 이해할 정도로 성숙하고 자신의 문학적 재능에 대적할 정도의 기지가 있는 여인과 교류하였기에 이와 같은 작품들이 남겨졌을 것이다.

김삿갓이 정을 통한 처녀의 풍만함에 장난기가 발동해서 농담을 던지자 처녀가 대범하게 대구한 재미있는 사랑 시라고 하겠다.

狂蝶忽飛 광접홀비

昨夜狂蝶花裡宿 작야광접화리숙
今朝忽飛向誰怨 금조홀비향수원

미친 나비 날아가다

어젯밤 미친 나비, 꽃의 품속에 묻혀 자고
오늘 아침 훌쩍 날아가니 누구를 원망하리.

김삿갓이 오래 묵었던 서당의 집에서 그 집 훈장의 과년한 딸과 눈이 맞아 하룻밤 정을 통하였다. 그러나 김삿갓에게는 정착

할 마음이 없었고, 더 이상 머물기가 어려워지자 다시 훌쩍 길을
떠나면서 그녀에게 용서를 빌기 위해 시 한 수를 남겼다.

秋風訪美人不見 추풍방미인불견

一從別後豈堪忘 일종별후기감망
汝骨爲粉我首霜 여골위분아수상
鸞鏡影寒春寂寂 난경영한춘적적
風簫音斷月茫茫 풍소음단월망망

早吟衛北歸薺曲 조음위북귀제곡
虛負周南采藻章 허부주남채조장
舊路無痕難再訪 구로무흔난재방
停車坐愛野花芳 정차좌애야화방

가을바람에 미인을 찾아 왔다 만나지 못하다

한번 헤어졌다고 어찌 그대를 잊으리.
그대 뼈가 가루되어 내 머리의 서리가 되었도다.

임자를 잃은 거울은 봄이 와도 적적한데
불던 퉁소 소리 끊기니 달빛만 망망하다.

일찍이 귀제곡을 즐겨 부르던 그대
이제는 채조장마저 잊었구나.
옛날 다니던 길 흔적 없어 다시 오기 어려우니
수레를 멈추고 앉아 들에 핀 꽃이나 사랑하리.

가을바람이 불어오는 어느 날 김삿갓은 옛날 사귀던 여인이 떠올라 찾아 갔으나 그녀는 이미 세상 사람이 아니었다. 그녀가 보던 거울도 임자를 잃어 쓸쓸하고, 피리 소리도 끊겨 적적하기만 하였다.

귀제곡은 위나라 북쪽에서 불리던 사랑 노래였으며 채조장은 주나라 남쪽에서 불리던 사랑 노래였다. 한번 이별했다고 쉽게 잊혀지는 것이 아닌데 정을 통했던 여인은 이제 다시 볼 수 없는 먼 곳으로 가버렸고 함께 부르던 노래도 사라져버렸다.

김삿갓의 가슴도 아프다. 사람에게 정을 주었다 끊는 일은 어려우니 들에 핀 꽃에게나 자신의 마음을 주는 것이 낫겠다고 읊조린다.

風月 풍월

병연　風失古行路 풍실고행로
　　　月得新照處 월득신조처
여인　風動樹枝動 풍동수지동
　　　月昇水波昇 월승수파승

바람과 달에 부쳐 시를 짓다

병연　바람은 이전에 다니던 길을 잊었고
　　　달은 새로 비칠 곳을 얻었도다.
여인　바람이 움직이면 나뭇가지도 따라 움직이고
　　　달이 높이 뜨면 연못의 파도도 높아지는 것을.

　김삿갓이 오랜만에 정을 주고받은 여인을 찾아가니 몇 년간 소식을 전하지 않은 무정한 김삿갓을 원망하였다.
　아린 가슴을 삭이며 기다리던 여인이 말한다. 바람이 움직이면 나뭇가지가 함께 움직이듯 달이 높이 뜨면 파도도 높아지듯, 자신의 정은 더욱 깊어만 갔다고.

贈寡婦 증과부

客枕蕭條夢不仁 객침소조몽불인
滿天霜月照吾隣 만천상월조오린
綠竹靑松千古節 녹죽청송천고절
紅桃白李一年春 홍도백리일년춘

昭君玉骨胡地土 소군옥골호지토
貴妃花容馬嵬塵 귀비화용마외진
人性本非無情物 인성본비무정물
莫惜今宵解汝身 막석금소해여신

과부에게

나그네의 베갯마루 쓸쓸하니 꿈자리가 사납고
하늘에 가득찬 달빛은 외로이 나를 비추네.
푸른 대나무와 소나무는 천고에 절개를 자랑하건만
붉은 복숭아꽃, 흰 배꽃은 해마다 저버리는 춘정이로세.

왕소군의 옥 같은 자태도 오랑캐 땅의 흙이 되고

양귀비의 꽃 같은 얼굴도 마외 땅에 티끌이 되었네.

인간의 성품 본래가 무정한 것 아니니

오늘 밤 나를 위해 몸 주기를 아까워 말라.

　다행히 하룻밤 쉴 곳을 찾아 뒷방에 들었으나 안방에서 바느질하는 과부의 살내음에 몸을 뉘인 나그네는 몸을 뒤척인다. 하늘에 밝은 달이 뜨니 여인을 그리는 마음이 더욱 간절하여 잠을 이룰 수 없다. 김삿갓은 자연의 섭리를 빗대어 과부의 마음을 빼앗고, 왕소군과 양귀비의 예를 들며 생이란 본래 덧없는 것이니 산 사람에게 인정을 베푸는 것을 아까워하지 말라며 과수댁에게 간절히 호소하고 있다.

　왕소군은 전한前漢시대 원제元帝의 궁녀였다. 당시 원제는 자신이 원하는 궁녀를 취택할 때 언제나 화공을 시켜 궁녀들의 모습을 그리게 한 뒤 그 초상화를 보고 취택 여부를 정하였다고 한다. 이에 다른 궁녀들은 화공에게 뇌물을 주면서 얼굴을 예쁘게 그리도록 하였으나, 왕소군은 그렇게 하지 않아 추한 얼굴로 그려졌고 황제의 사랑을 받지 못하였다.

　그러다 흉노와의 화친책 때문에 화번和蕃 공주로서 호한야呼韓

邪 선우單于에게 출가하였고, 아들 넷을 낳았으나 결국 호지胡地
에서 자살하고 만 비극적 여인이었다.

또한 양귀비는 당나라 현종玄宗의 귀비貴妃로 자색才色이 뛰어
나 754년 궁녀로 들여져 현종의 총애를 받아 부귀영화를 누렸다.
그러나 안녹산安祿山의 난이 일어나자 육군六軍의 지탄을 받아 끝
내 죽임을 당하였다.

이렇듯 아름다운 여인들도 역사의 소용돌이 앞에서는 소용없
이 죽음을 맞이하고 마니, 과부 그대도 몸 주기를 아까워 말라는
것이다.

月下獨酌 월하독작

花間一壺注 화간일호주
獨酌無相親 독작무상친
擧杯邀明月 거배요명월
對影成三人 대영성삼인
月旣不解飮 월기불해음
影徒隨我身 영도수아신

달빛 아래 홀로 술을 마시다

꽃 속에 술 단지 마주 놓고
짝 없이 혼자서 술잔 드네.
잔을 들어 밝은 달을 맞이하니
달과 나와 그림자 셋이어라.
달은 본시 술을 못 마시고
그림자 건성 나를 따르네.

그러나 이렇듯 김삿갓은 홀로 보낸 시간들이 더 많았을 것이다.
그 고독은 자연이 품어주고 술이 친구가 되어 또 하루가 흘러갔다.

일생을 돌아보며 남긴 김삿갓의 시

蘭皐平生詩 난고 평생시

鳥巢獸穴皆有居 조소수혈개유거
顧我平生獨自傷 고아평생독자상

茫鞋竹杖路千里 망혜죽장로천리

水性雲心家四方 수성운심가사방

尤人不可怨天難 우인불가원천난

歲暮悲懷餘寸腸 세모비회여촌장

初年自謂得樂地 초년자위득낙지

漢北知吾生長鄕 한북지오생장향

簪纓先世富貴人 잠영선세부귀인

花柳長安名勝庄 화류장안명승장

隣人也賀弄璋慶 인인야하농장경

早晩前期冠蓋場 조만전기관개장

鬚毛稍長命漸奇 수모초장명점기

灰劫殘門飜海桑 회겁잔문번해상

依無親戚世情薄 의무친척세정박

哭盡爺孃家事荒 곡진야양가사황

終南曉鐘一納履 종남효종일납리

風土東方心細量 풍토동방심세량

心猶異域首丘狐 심유이역수구호

勢亦窮途觸藩羊 세역궁도촉번양

南州從古過客多 남주종고과객다

轉蓬浮萍經幾霜 전봉부평경기상

遙頭行勢豈本習 요두행세기본습

揳口圖生惟所長 혈구도생유소장

光陰漸向此中失 광음점향차중실

三角靑山何渺茫 삼각청산하묘망

江山乞號慣千門 강산걸호관천문

風月行裝空一囊 풍월행장공일낭

千金之子萬石君 천금지자만석군

厚薄家風均誠嘗 후박가풍균성상

身窮每遇俗眼白 신궁매우속안백

歲去偏傷鬢髮蒼 세거편상빈발창

歸兮亦難佇亦難 귀혜역난저역난

幾日彷徨中路傍 기일방황중로방

평생을 돌아보며

새도 둥지가 있고 짐승도 굴이 있어 보금자리가 있건만
내 평생 돌아보니 집도 없이 홀로 외로웠구나.
짚신 신고 대지팡이 짚고 천리 길 떠돌며

물처럼 구름처럼 방랑하며 천지 사방 가는 곳이 내 집이었다.

그러나 어찌 사람을 원망하고 하늘을 탓하랴.

해마다 저물 때면 슬픈 회포 가슴에 가득하네.

초년에는 나도 행복한 집안에서 태어났으니

한북 땅이 내가 자란 그리운 고향이네.

벼슬 높던 조상들은 부귀한 사람들이고

영화롭던 장안서도 이름 높던 가문일세.

이웃 사람들 옥동자 얻었다고 축하해 주었고

언젠가는 출세하리라 기대하였다네.

자랄수록 운명은 점차 기박하여

오래잖아 멸족의 문중에는 상전이 벽해로 변하였네.

의지할 친척도 없는 세상 인정마저 야박한데

부모마저 돌아가서 집안은 망했도다.

종남산 새벽 종소리에 짚신 한 짝 둘러메고

동방의 풍토를 골고루 헤매었다네.

마음은 아직도 타향에서 고향 그리는 여우와 같고

신세 또한 울타리에 뿔이 걸린 궁한 양과 같네.

예로부터 남쪽 고을에는 과객이 많은데

쑥 대궁 구르듯 부평초 떠돌듯 몇 년이나 떠돌았던가.

고개를 떨구는 버릇이 어찌 내 본성이리요
입을 놀려먹고 살기 위해 생긴 버릇이었다.
아까운 세월 그런 사이에 다 지나가 버리고
삼각산 푸른 모습 어찌 이리 눈앞에 아득한가.
팔도강산 걸식하는 소리 천호에 익숙하고
풍월을 벗 삼는 행장은 언제나 무일푼!
천금 같은 귀공자와 만석꾼 부잣집
후하고 박한 가풍 골고루 맛보았네.
내 신세 기구하니 항상 남의 냉대 받고
세월이 갈수록 백발은 늘고 마음 더욱 아프네.
아, 돌아가기도 어렵고 머물기도 어려운 내 신세여!
얼마나 길가에서 외롭게 방황하였던가.

김삿갓은 기구하기 그지없는 한 많은 오십 평생을 보냈다. 그러나 김삿갓은 자신이 가진 글재주가 있었기에 굴곡진 인생을 살아낼 수 있었을 것이다. 든든한 울타리가 있어도 포기하고 싶은 순간이 많은 것이 인생살이인데, 김삿갓은 어떠한 바람막이도 없이 세상에 바로 놓이는 삶을 선택한 것이다.

조상의 일은 조상의 일이니 모른 척 넘어가며 쉬운 길을 갈 수도

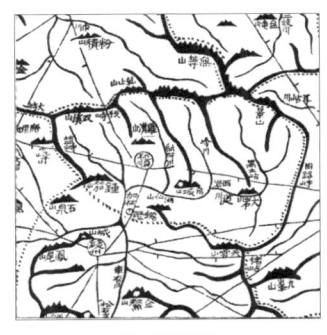
대동여지도, 화순군 부분

있었을텐데 김병연은 양심을 외면하는 대신 온몸으로 자신의 삶을 끝까지 대면하려 노력하였다.

평단을 뛰어넘는 수많은 시를 남기며 평생 방랑의 길을 걷던 김삿갓은 전라도 화순군 동복면同福面 구암리에서 쓰러지고 만다. 다행히 지나가던 한 선비가 나귀에 태워 자신의 집으로 데려가 반년 가까이 돌봐 주었다. 몸이 회복된 김삿갓은 선비의 집을 떠나 지리산을 두루 살펴본 뒤, 3년 만에 쇠약한 몸을 이끌고 다시 그 선비의 집에 되돌아와 고단한 한 생애를 마쳤다. 1363년(철종 14) 3월 29일 김병연의 나이 57세였다.

김병연의 죽음 이후 둘째 아들 김익균이 수소문 끝에 아버지의 시신을 거두어 어머니가 계신 강원도 영월군 하동면 와석리 노루목에 백혼을 모시게 되었다. 그 후 김병연의 아내는 자신의 친정인 결성현結城縣(현 충남 홍성 지역)으로 가 지냈고 자손들은 이천, 가평, 영월, 평창, 한양, 여주 등지로 전전하였다.

김삿갓이 세상을 떠난 이후 둘째 아들 익균은 평창에서 훈장 생활을 하며 평범하게 살았으며 슬하에 택진澤鎭과 영진榮鎭을 두

김삿갓은 부패한 세상에서 세상인심과 자신의 운명을 자탄하기도 했다.

었다. 택진의 나이 20세에 아버지 김익균이 사망하자 나무를 팔아서 동생 영진을 서당에 보내었다고 한다. 한편 영진은 관계에서 부윤을 지내고 또 학자로서 이름을 알렸으며, 강원도 건봉사에 들어가 승려가 되었다. 김영진은 이후 불도에 정진하였으며 고향에 석문사繹文寺를 지었다.

김영진이 김병연의 후손임을 알게 된 고종은 벼슬을 내려 그는 홍천 군수를 거쳐 경흥 부윤이 되었다. 김영진은 이때 아들 경한景漢을 얻었으며 1910년 국권 피탈 때에는 벼슬을 버리고 경기도 여주에서 양조장을 경영하였다. 또한 아들 김경한은 경기도 양평에서 사업을 벌이고 초대 도의원을 지내기도 했는데, 어려움에 처한 많은 사람들을 도왔다. 하지만 김경한은 사업이 기울고 중풍이 겹쳐 1977년 세상을 떠나게 된다.

김병연의 자는 성심性沈, 호는 난고蘭皐, 별호는 김립金笠이다. 그리고 우리들이 김병연이라는 본명보다 더 익숙하고 친근하게 알고 있듯이 '삿갓립笠' 자를 풀어 김삿갓이라고도 한다.

김삿갓 사망 후 세월이 지남에 따라 김병연의 자취는 세상에서 잊혀지고 다만 전설적인 가공인물쯤으로 여겨지며 양반 댁 사랑방 등에서 말로만 하는 옛이야기로만 존재하게 되었다. 그러던 중 김삿갓 사후 120여 년이 되던 1982년 10월 17일 향토 사학자 정암 박영국 옹이 그를 찾아내어 세상에 알리게 되면서 김병연의 삶과 작품은 빛을 보게 되었다.

또 1985년 11월 13일자 동아일보 기사에서 이응스 선생은

〈김삿갓의 시문은 세계 수준이며 일본과 러시아에서도 그의 시가 널리 퍼져 있으며 그 평가는 매우 높다.〉

고 하였다.

1978년 김병연의 후손들이 중심이 되어 전라남도 광주시 무등산 기슭에 시비詩碑를 세웠으며, 1987년에는 강원도 영월에 전국시가비건립동호회全國詩歌碑建立同好會에서 시비를 세웠다.

그의 시를 묶은 『김립시집金笠詩集』이 있다.

　김병연의 유일한 유적지인 영월에서는 「시선 김삿갓 유적 보전위원회」를 구성하고 유적 보존 사업을 전개하고 있다. 매년 10월 중순 김삿갓 묘역이 있는 노루목 마을에서는 추모제, 추모 살풀이춤, 추모 공연, 백일장 등이 다채롭게 벌어져 그의 생애와 시 세계를 새롭게 조명한다. 또한 난고 김병연 추모 시비와 시비 거리가 조성되어 김삿갓의 주거지, 묘소와 함께 명소가 되었으며 김삿갓이 생전에 무릉계라 칭했을 만큼 빼어난 경치를 지닌 태백산맥에서 갈라져 유적지에 이르는 계류를 김삿갓 계곡이라 부르고 있다.

1863년(철종 14) 3월 29일 세상에서 무겁게 지고다니던 행장을 놓고 영면에 든 김삿갓 묘소, 강원도 영월군

김삿갓이 묻혀 있는 인적 드문 영월

　죽장에 삿갓을 쓰고 천하를 유리걸식하며 떠돌던 시인은 너무나 오지에 묻혀 지금도 속세의 더러움을 멀리하는 듯하다. 예로부터 영월은 들이 귀한 첩첩산중으로, 김삿갓이 살았던 와석리 노루목은 걸어도 걸어도 개울 소리 밖에는 들리지 않는 인가 없는 산골 벽지로서 큰길에서 7킬로미터쯤 떨어진 곳이다.

　이곳에서 걸어서 약 4킬로미터를 들어가면 곳곳에 깊은 연못과 천 길 낭떠러지 위의 푸른 소나무가 절묘한 조화를 이루고 있다. 고려 때의 시인으로 신돈을 탄핵하다가 처형당할 위기에까지 처했던 정공권鄭公權(정추鄭樞)은 이곳의 경치를 이렇게 읊었다.

　　칼날 같은 산에 달은 소나무에 비쳐 걸리고
　　비단 물결 맑은 풀섶엔 골안개가 피어나네.

　이렇듯 붓을 들어 그림을 그리지 않아도 눈앞에 한 폭의 아름다운 산수화가 펼쳐지는 곳이 김삿갓이 잠들어 있는 곳이다. 깊은 협곡을 흐르는 맑고 차가운 개울물은 몇 번이고 끊이질 듯 이어지면서 좁은 산길로 안내한다.

　굵은 자갈에 발부리를 채이며 1시간가량을 걸어 올라가면 한

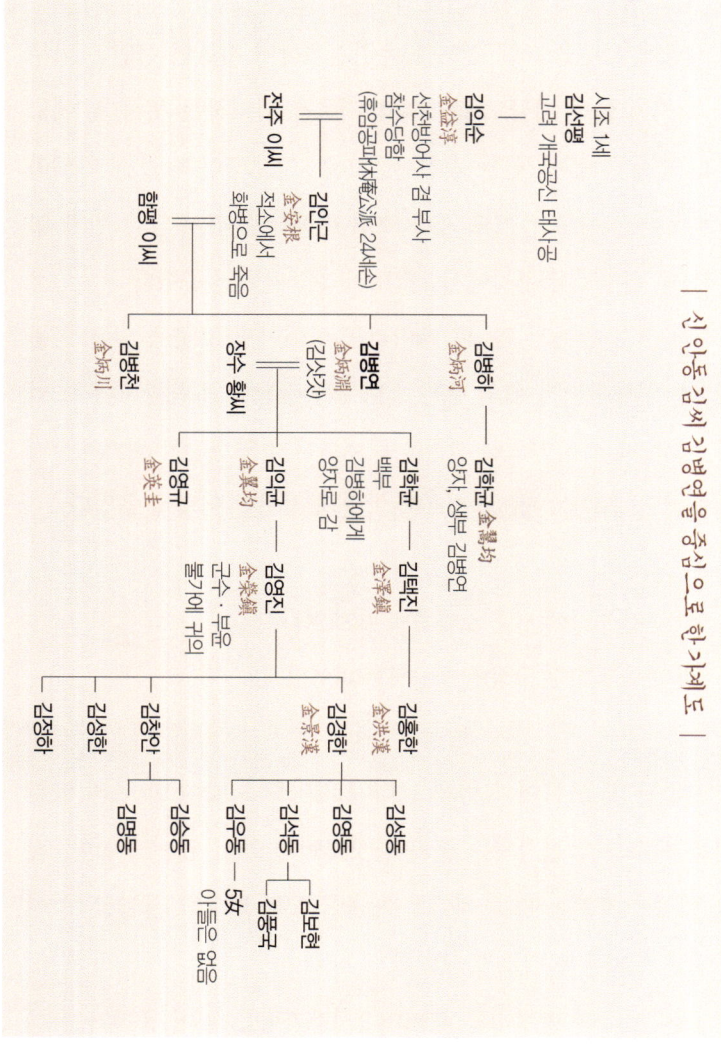

신안동 김씨 김병연을 중심으로 한 가계도

시조 1세
김선평
고려 개국공신 태사공

2세
김긍순
金兢淳
선천방어사 겸 부사
좌승상
(흥읍공파休邑公派 24세손)

전주 이씨

김안근
金安根
정조에서
홍병으로 죽음

흠평 이씨

김병하
金炳河

김병전
金炳川

김병연
金炳淵
(김삿갓)

전주 홍씨

김화균 金澔均
양자, 생부 김병언

김택균
金澤均
백부
김병하에게
양자로 감

김익균
金翼均

김영구
金英主
근수·부문
불가에 귀의

김종한
金宗漢

김병진
金秉鎭
근수·부문
불가에 귀의

김경한
金敬漢
金洪漢

김영집 김영응
김서동
김순동
김우동 김서동
김명동 김중국
5女
이름은 없음

김경한

김서한
김정안 김영동
김정하

줄기로 흐르던 개울물이 두 갈래로 갈라지며 주위가 온통 시비詩碑로 비림碑林을 이루고 있다.

　김삿갓의 묘는 산을 밭으로 일군 듯한 오른편 언덕배기 귀퉁이에 홀로 있으나 주변은 온통 천재 시인을 추모하는 비석들의 물결인 것이다. 유적비, 시비, 추모비 할 것 없이 모드 주변의 자연석을 지대삼아 어지럽게 서 있는데 그 가운데는 후손 김천한의 것도 있다. 김천한은 김경한과 같은 항렬이나 누구의 후손인지는 밝히지 못했다.

　내를 건너 묘를 향하면 자연석으로 세운 비산에

　　〈詩仙 蘭皐 金炳淵之墓 시선 난고 김병연지묘〉

라고 씌여 있다. 그리고 호석 없이 봉분만 외롭게 있는 묘 양쪽으로 길죽한 막돌 망주석 또한 호젓하게 서 있다.

　과연 이 묘가 실존 인물 김병연의 묘인지 장담하기는 어렵다. 그러나 이 지방의 향토 사학자 박영국 옹이 널리 수소문하는 각고의 노력과 촌로들의 증언을 토대로 신 안동 김씨 문중에서 사초莎草하고 묘비까지 세웠음은 분명하다. 잘난 사람들이 판을 치는 세상에서 인간사를 넘어선 방랑 시인의 의로운 자취를 느낄 수 있으니 얼마나 소중한가. 위대한 사람이란 아마 자신의 개인적인 욕심을 버리고 많은 사람에게 훌륭한 정신적 영향력을 끼친 사람이 아닐까. 그런 의미에서 김삿갓은 어느 누구보다도 사람답게 세상을 살다 갔다고 평가해야 할 것이다.

장동 김씨(신 안동 김씨)의 장동壯洞은 어느 곳을 말하는가

현재 장동은 아주 없어진 동명으로 18세기에 그린 「도성도」, 「도성 삼군 분계도」, 「수선도」, 「영국 서울 지도」에는 장의동 혹은 장동이 표기되어 있다.

1914년 경성부제 실시에 따라 장동을 나누었고 그 일부를 각각 효자동, 창성동, 통의동 등으로 병합시켰다. 『동명연혁고 1』 종로 편에서 밝히고 있듯이 장동은 이들 세 동에 걸쳤을 만큼 제법 넓은 동네였다.

〈갑오개혁甲午改革 후 북서北署 순화방 가운데 사재감司宰監, 상패계上牌契 중에 백운동과 청풍계淸風溪가 있고, 사재감과 하패계下牌契 중에 장동이 있고, 북쪽으로 백운동 청풍계가 있었던 듯하다.〉

라고 한 설명으로, 장동의 위치를 어느 정도 짐작할 수 있다. 한편 한글학회의 『한국지명총람 1』 203쪽에

〈무속헌無俗軒 터였던 지금의 교황 사절단 사무소(궁정동 2번지)

가 '장동 김씨'의 발상지이다.〉

라고 밝히고 있는 것으로 미루어 장동이 이 지점을 중심으로 그 둘레가 이루어진 구역이었음도 알 수 있다. 『한경지략』에 근거한 다면,

〈장의동壯義洞이 의통방에 있다. 육상궁毓祥宮 옆에 양정재養正齋라는 집이 있는데 인원仁元 왕후가 탄생한 곳이다. 청풍계도 역시 이 동네로 이곳에 선원仙源 김상용金尙容의 옛집이 있다. 집안에 태고정太古亭 곧 선원의 사당이 있어 늠연당凜然堂이라는 현판을 걸었다. 개울 위에 대명일월大明日月, 백세청풍百世淸風을 바위에 쪼아 새긴 여덟 글자가 있다. 대은암大隱巖은 옛적 남곤南袞의 집터로 그곳 바위 옆에 행랑채가 있는데, 구봉龜峰

병자호란을 맞아 강화에서 자폭한 김상용 순의비각, 경기도 강화군

남곤 묘비, 경기도 양주시 　　　　　　　　구봉 송익필 묘소, 충남 당진군

송익필宋翼弼이 출생한 집으로, 행랑채가 남았기로 지금도 사람

들이 널리 칭송한다. 또 이 동네에 송강松江 정철鄭澈과 청송聽松

성수침成守琛의 옛집이 있다.〉

라고 한 것으로 미루어 장동의 범위가 현 궁정동의 육상궁 옆으

로부터 청운동의 선원 김상용 집터와 경기상업고등학교 자리인

성수침의 청송당聽松堂 집터, 그리고 북악길 부근의 대은암 남곤

의 집터까지 포함된 구역이었음을 알 수 있다.

　한편 『한국지명총람』 무속헌無俗軒 터에는 이를 다음과 같이 고

증하고 있다.

　〈무속헌터는 지금의 궁정동 2번지에 있던 중종 때 한성 서윤을

청송 성수침의 묘소, 경기도 파주시

지낸 김번金璠의 집터로, 학조學祖 대사가 조카 김번을 위하여 정해 주었다. 북악의 모양이 목성木星으로 되어 있으므로, 그 기운을 받아서 김씨가 왕성하게 하기 위하여 집을 '이허중離虛中의 모양으로 지어서 목木은 화火를 생하고, 화火는 금金을 다루어 큰 그릇을 만든다'는 주역周易의 이치를 맞추었다 하여 그 후손들이 번성하여 선원 김상용, 청음淸陰 김상헌金尚憲, 문곡文谷 김수항金壽恒 등 인물들이 많이 나서 세칭 '장동 김씨'라고 한다. 이 무속헌 터가 교황 사절단 사무실이 되었다.〉

학조 대사 초상

이곳을 중심지로 안동 김씨 후손들은

김수항 초상   김상헌 묘비, 경기도 남양주시

유란동, 쌍효자가, 창의동, 백운동, 인왕동, 옥류동 등 곧 지금의
효자동, 창성동, 청운동 옥인동 등 일대로 흩어져 살면서 나름대
로 '장동 김씨', '장의동 김씨'라고 자칭하였다.

    이는 마치 한양 천도 초에 창의문 안 일원을 태종과 세종의 잠
저가 있는 준수방을 중심 삼아 그 일대를 장의동이라고 통칭한
전례와 비길 만한 일이 아니었나 하는 생각도 든다. 이렇듯 오래
고도 유서 깊은 장의동(장동)의 동명도 1914년 이후로 없어졌다.

참고문헌

윤은근, 「김립 연구」, 고려대학교교육대학원석사학위논문, 1979.

김용호, 「김립의 시와 풍자정신」『한양漢陽』3권 7호, 1964.

이응수 편, 『김립 시집』, 유길서점, 1939.

황오黃五, 『녹차집綠此集』, 인묵와忍默窩, 1932.

강효석姜斅錫 편, 『대동기문大東奇聞』, 1925.

홍직필洪直弼, 『매산집梅山集』, 1866(조선 고종 3).

『평안감영계록平安監營啓錄』, 비변사, 1830~1884(조선 순조 30~고종 21).

정만석鄭晩錫, 「관서신미록關西辛未錄」, 1811~1812(조선 순조).

편자 미상, 『임신평난록壬申平亂錄』, 1811~1812(조선 순조).

저자 미상, 『진중일기陣中日記』, 1811(조선 순조 11).

방우정方禹鼎, 『서정일기西征日記』, 1811(조선 순조 11).

『순무영등록巡撫營謄錄』, 1811(조선 순조).

조종영, 「관서평란록關西平亂錄」, 조선 순조.

『일성록日省錄』, 1760(조선 영조 36)~1910.

『승정원일기承政院日記』, 승정원, 1623(조선 인조 1)~1910.

신석우申錫愚, 『해장집海藏集』, 조선

『조선왕조실록』, 조선

문밖에서 부르는 조선의 노래 이은식 저 / 12,000원
노비, 궁녀, 서얼... 엄격한 신분 사회의 굴레 속에서 외면당한 자들이 노래하는 또 다른 조선의 역사.

불륜의 한국사 이은식 저 / 13,000원
베개 밑에서 찾아낸 뜻밖의 한국사! 역사 속에서 찾아낸 감춰졌던 애정 비사들의 실체가 낱낱이 드러난다.

불륜의 왕실사 이은식 저 / 14,000원
고고려와 조선을 넘나들며 펼쳐지는 왕실 불륜사! 엄숙한 왕실의 장막 속에 감춰져 있던 욕망의 군상들이 적나라하게 그 모습을 드러낸다.

이야기 고려왕조실록 (상),(하) 한국인물사연구원 편저 / 각권 14,500원
고려사의 모든 것을 한눈에 살펴볼 수 있는 최고의 역사 해설서!
다양하고 풍부한 문헌 자료를 바탕으로 재미있고 쉽게 읽혀지는 새로운 고려 왕조의 역사가 펼쳐진다.

모정의 한국사 이은식 저 / 14,000원
위인들의 찬란한 생애 뒤에 말없이 존재했던 큰 그림자, 어머니! 진정한 영웅이었던 역사 속 어머니들이 들려주는 시대를 뛰어넘는 교훈과 감동을 만나본다.

우리가 몰랐던 한국사 이은식 저 / 16,000원
제한된 신분의 굴레 속에서도 자신의 삶을 숙명으로 받아들이지 않고 꿈을 이루기 위해 노력한 선현들의 진실된 이야기.

읽기 쉬운 고려왕 이야기 한국인물사연구원 편저 / 16,500원
쉽고 재미있게 읽히는 새로운 고려 왕조의 역사! 500여 년 동안 34명의 왕들이 지배했던 고려 왕조의 화려하고도 찬란한 기록들.

원균 그리고 이순신 이은식 저 / 18,000원
417년 동안 짓밟혔던 원균의 억울함이 벗겨진다. 이순신의 거짓 장계에서 발단한 원균의 오명과 임진왜란을 둘러싼 오해의 역사를 드디어 밝힌다.

신라 천년사 한국인물사연구원 편저 / 13,000원
고구려와 백제를 멸망시킨 작은 나라 신라! 전설과도 같은 992년 신라의 역사를 혁거세 거서간의 탄생 신화부터 제 56대 마지막 왕조의 이야기까지 연대별로 풀어냈다.

풍수의 한국사 이은식 저 / 14,500원
풍수와 무관한 터는 없다. 인문학과 풍수학은 빛과 그림자와 같다. 각각의 터에서 태어난 역사적 인물들에 얽힌 사건을 통해 삶의 뿌리에 닿게 될 것이다.

지명이 품은 한국사 이은식 저 / 14,500원
국토의 심장부를 포함한 서울과 경기도의 역사가 담긴 지명의 어원 풀이. 1천여 년 역사의 현장이 도처에 남긴 독특한 고유 지명을 알아보자.

기생, 작품으로 말하다 이은식 저 / 14,500원
기생은 몸을 파는 노리개가 아니었다. 기생의 연원을 통해 그들의 역사를 돌아보고, 예술성 풍부한 기생들이 남긴 작품을 통해 인간 본연의 삶을 들여다본다.

여인, 시대를 품다 이은식 저 / 13,000원
제한된 시대 환경 속에서도 자신들의 재능과 삶의 열정을 포기하거나 방관하지 않았던 여인들. 조선 시대의 한비야 김금원과 조선 시대의 힐러리 클린턴 동정월을 비롯한 여인들이 우리들의 삶을 북돋아 줄 것이다.